高校辅导员队伍建设与工作制度发展研究

丰 硕 ◎ 著

吉林出版集团股份有限公司

图书在版编目（CIP）数据

高校辅导员队伍建设与工作制度发展研究 / 丰硕著. — 长春：吉林出版集团股份有限公司，2022.9
ISBN 978-7-5731-1975-9

Ⅰ．①高… Ⅱ．①丰… Ⅲ．①高等学校－辅导员－师资队伍建设－研究 Ⅳ．①G645.1

中国版本图书馆CIP数据核字(2022)第157907号

高校辅导员队伍建设与工作制度发展研究

著　　者	丰　硕
责任编辑	郭亚维
封面设计	林　吉
开　　本	787mm×1092mm　1/16
字　　数	220千
印　　张	10
版　　次	2022年9月第1版
印　　次	2022年9月第1次印刷
出版发行	吉林出版集团股份有限公司
电　　话	总编办：010-63109269
	发行部：010-63109269
印　　刷	北京宝莲鸿图科技有限公司

ISBN 978-7-5731-1975-9　　　　　　　　定价：68.00元

版权所有　侵权必究

前 言

　　高校辅导员是开展大学生思想政治教育的骨干力量，是高校学生日常思想政治教育和管理工作的组织者、实施者、指导者。新中国成立 70 年来，党和国家高度重视高校辅导员工作制度建设，积累了丰富的历史经验。

　　在信息多元化的社会大背景下，如何帮助和引导青年学生树立正确的价值观、人生观、世界观和社会主义核心价值观，增强道德自信、理论自信、制度自信、文化自信，是摆在高校思想政治教育工作者面前的重大课题。辅导员作为高校思想政治教育工作的一支特殊的专门力量，要在与学生的平等相处之中，通过温暖的服务和平等的交流关心每一个学生，用自己的专业知识为学生释疑解惑。讲究工作方式方法，把握思想政治教育规律，把思想政治工作融入学生的日常生活和学习，贯穿学校教学、科研、管理、服务的全过程，从而达到春风化雨、润物无声的效果。

　　高校辅导员在大学生教学管理工作中起到至关重要的作用，因此，提升高校辅导员的工作能力已经刻不容缓。高校辅导员队伍建设工作不仅可以提高高校的办学水平，还有助于使之有充足的软实力，获得更加优质的生源。因此，进行高校辅导员队伍建设是非常重要的，高校要结合当前时代发展的方向以及对高校辅导员综合素质提出的要求，制定科学的培训方案，从而使得每一个辅导员能够提高自身的工作积极性，充分地挖掘自身的工作潜能，保证实际工作的有序进行。

　　本书分析了高校辅导员工作的重要性、辅导员队伍建设存在的主要问题，从辅导员队伍的思想素质、业务素质建设等视角提出了加强辅导员队伍建设的一些思考。首先介绍了高校辅导员发展历程、特点、职业道德等，然后分析了高校辅导员工作内容、高校辅导员队伍建设的基础理论，之后探讨了高校辅导员队伍建设的现状和对策，最后，基于融媒体时代下对高校辅导员队伍建设进行多方位探究。希望该书能成为广大学生工作者的良师益友。也希望能有更多的理论和实际工作者加入到研究中来，不断提高高校辅导员队伍建设水平，为培养高素质人才做出新的更大的贡献。

　　在本书的编写过程中，参考借鉴了国内外学者的大量研究成果，在此对这些学者表示衷心的感谢。限于笔者的精力和学识的有限，书中难免存在不当之处，敬请读者诸君批评指正。

目　录

第一章　高校辅导员概述 1
第一节　高校辅导员制度历史演变 1
第二节　高校辅导员的职业特点 5
第三节　高校辅导员的职业素质和能力 11
第四节　高校辅导员的职业道德 18
第五节　高校辅导员工作的价值生成 19
第六节　高校辅导员队伍建设 22

第二章　高校辅导员工作内容 32
第一节　新时代下学生思想政治教育 32
第二节　学生事务管理 39
第三节　服务学生成长和发展 58
第四节　新时代高校辅导员工作的创新方法 60

第三章　高校辅导员队伍建设的基础理论 67
第一节　高校辅导员队伍建设的含义 67
第二节　高校辅导员队伍建设的目标 73
第三节　高校辅导员队伍建设的原则 80
第四节　高校辅导员队伍建设的内容 87

第四章　高校辅导员队伍建设的现状和对策路径分析 93
第一节　高校辅导员队伍建设的现状 93
第二节　高校辅导员队伍建设的对策 96

第三节　高校辅导员队伍建设的途径 98

第五章　融媒体时代高校辅导员队伍建设 103
　　第一节　高校辅导员队伍建设：管理层面 103
　　第二节　高校辅导员队伍建设：人力资源层面 117
　　第三节　高校辅导员队伍建设：职业提升层面 131
　　第四节　高校辅导员队伍建设：考核与评价 145

参考文献 154

第一章 高校辅导员概述

第一节 高校辅导员制度历史演变

在 2018 年 9 月召开的全国教育大会上,习近平总书记指出,要精心培养和组织一支会做思想政治工作的政工队伍,把思想政治工作做在日常、做到个人。对我国的高校而言,辅导员队伍很大程度上承担了包括思想政治工作在内的一系列重任,成为开展学工管理服务和思想政治教育等工作中不可或缺的重要一环。

一、我国辅导员制度的历史变革脉络

(一)新中国成立后的草创阶段

新中国成立之后,我国的各项事业百废待兴。教育作为百年大计,事关能否培养出合格的社会主义事业接班人,所以中央对此给予的高度重视,特别是对于学生的思想政治教育。1950 年,教育部发出了《关于加强对学校政治思想教育的领导的指示》,体现出中央对学校的政治思想教育的关注。两年之后,教育部又发出《关于高等学校有重点的试行政治工作制度的指示》,首次提出在大学设立政治辅导处,政治辅导处设立正副主任和辅导员,主要负责学校的政治学习以及社会活动。1953 年,清华大学开创性的设计出"双肩挑"的辅导员模式,我国的高校辅导员从无到有,慢慢开始创建起来。此后,中央又颁布数个文件,对我国高校辅导员制度的创建进行补充和规范。

这一时期我国的辅导员制度尚处于摸索阶段,对辅导员的选拔途径、角色定位等没有清晰的认识和详细的要求;辅导员的工作一般都由兼职人员来担任,主要任务是学生的思想政治工作及相关领域;同时在许多文件中都是把辅导员的工作作为整个高校工作中的一环而一笔带过,并没有单独出来进行细致规范,所以对辅导员的具体要求也不集中、不系统,而是散见于众多文件之中,为之后的辅导员制度发展构建了基本框架。

（二）改革开放之后的恢复阶段

十年"文革"期间，国家的教育事业受到沉重的打击和破坏，辅导员制度也没有能都幸免——"四人帮"批判高校辅导员制度是学校党委为了推行"修正主义教育路线"，将这一制度破坏殆尽。

"文革"结束后，在教育事业的拨乱反正过程中，辅导员制度也得到了恢复发展。1978年的全国教育工作会议明确提出要建立一支学生思想政治工作队伍以加强对学生的思想政治教育工作。此后，中央又在十多份各类文件中对高校辅导员的各项要求进行细化和补充。如1980年教育部明确规定辅导员负责学生思想政治教育工作，辅导员要专职、兼职相结合；1987年中共中央《关于改进和加强高等学校思想政治工作的决定》进一步提高辅导员的地位，规定专职思想政治工作人员是教师队伍的组成部分，应列入教师编制，实行教师职务聘任制等；1995年原国家教委规定了高校辅导员和学生的比例维持在1:120～150。

此外，教育部于1984年在部分高校增设思想政治教育专业、思想政治教育专业第二学士学位班、思想政治教育本科班，专门培养思想政治工作人员。

这一阶段，对于辅导员的职责要求、身份界定、选拔机制、人员配比、培养方式等方面，中央均在不同的文件中加以确定，使我国的高校辅导员制度得到较快的恢复与发展。但是与前一阶段一样，对高校辅导员的工作仍缺乏专门性的文件规范，辅导员制度的发展没有迈出实质性的步伐。

（三）21世纪以来的发展阶段

进入21世纪，我国的高校辅导员制度终于迎来新的发展契机。2004年中共中央国务院第16号文件认为"辅导员、班主任是大学生思想政治教育的骨干力量，辅导员按照党委的部署有针对性地开展思想政治教育活动，班主任负有在思想、学习和生活等方面指导学生的职责"，加强高校辅导员队伍建设被提上重要议程。2005年，教育部《关于加强高等学校辅导员班主任队伍建设的意见》第一次有针对性的就辅导员、班主任队伍的建设提出要求，总体上按1:200的比例配备，并且要做好培养培训和政策保障工作。此后教育部又于2006年颁布、2017年修订了《普通高等学校辅导员队伍建设规定》，以法规的形式明确了高校辅导员的要求和职责、配备与选聘、培养与发展、考核与管理等内容，辅导员制度的发展进入正轨。与此同时，各地、各高校结合自身实际，纷纷制定辅导员工作条例、考评办法等文件，为辅导员制度的发展做出规范；教育部思政司在全国各地设立高校辅导员培训和研修基地，并且制定专门的培训计划，进一步重视培养培训辅导员。由此，我国的辅导员制度在最近几年步入了高速发展的阶段，制度建设也越来越健全。

二、我国辅导员制度变化发展的逻辑起点——一元化政治性统合

我国的辅导员制度在六十多年的发展历程中，许多方面均经历了不同程度的变化，其中最重要也是最本质的变化当属辅导员角色、职能的变化。

（一）军队指导员制度和苏联大学制度的影响

新中国成立以后，对高校辅导员制度产生深远影响的因素主要有两个：一是革命时期的军队指导员制度，二是苏联高校建制的示范作用。

1932年，当时的中国工农红军学校第四分校制定《连指导员工作须知》，明确了连指导员担任官兵夫的政治训练等10项任务。抗日战争时期，党在根据地建立大学以培养军事干部，大学采用部队编制，学生被变成若干大队，大队下设支队，支队下设中队，每一个中队均配备政治指导员，其职能是全面负责基层中队学员的思想、学习、健康和生活等工作。这样一种带有军队特色的模式在新中国成立以后依然被沿袭下去。

苏联大学建制的示范作用所带来的影响则显得更加直接。新中国成立后，我国的各项事业均向当时的苏联"老大哥"学习，高等教育领域也不例外。新中国成立之后，政府按照"民族的、科学的、大众的文化教育"的总体要求、以苏联大学为模板，对旧大学进行了改造。改造之后的大学被纳入国家计划经济体系之中，形成"一包二统"——一切由国家包下来、一切由国家统起来——的体制。同时实行班级化、学年制的教学管理模式，对每一个学校的专业设置都有严格限制。这样的体制之下，高校没有办学的自主权，一切都由国家进行统筹和安排。

（二）辅导员职能一元化政治性统合的表现

大学的辅导员在设立之初，就沿袭了军队指导员的浓重色彩，尤其是其讲求政治性的特点。而苏联模式的大学办学体系在中国的广泛推行则使计划性的行政约束在高校占支配地位，从而在大学里面建立起了高等教育的单位制。这一单位制以"一包二统"为体质特征，国家在高校外部建立统一的管理体制、在高校内部则实行校长负责制（党委领导下的校长负责制）。能够最明显地表明这一时期辅导员制度特点的，当属1952年教育部颁布的《关于高等学校有重点的试行政治工作制度的指示》，其明确指出"全国高等学校在思想改造后，应有准备的在校内设立整治工作机构，其名称可称为政治辅导处"，在政治辅导处设立正副主任和辅导员，辅导员的职责是"在主任的领导下辅导一系或几系的政治学习、社会活动，组织推动教职员的政治理论学习和社会活动"。

由此可见，政治辅导处完全以政治作为唯一的导向，辅导员以高校政治理论和师生政治生活作为其工作的主要抓手，即凡事都"政治挂帅"。当时的高校还没有设立专门的学生工作机构，辅导员"政治工作"的内涵在实际工作中被延伸了——他们在做严格意义的

政治工作的同时，还将学生管理、就业分配、社团活动等事务全部纳入，所有的这些都被看作是"政治工作"。这样的一种辅导员制度模式之下，"政治"成为一元化的工作内容，但是这一"政治"又将方方面面的学生工作包含在里面，也就形成了以"政治"统合所有事务的局面。

三、我国辅导员制度变化发展的逻辑转向——多元化专业性支持

（一）改革开放以及高等教育改革的大背景

进入改革开放新时期之后，伴随着经济体制的改革，我国的政治、经济、社会等领域均发生了巨大的变化，高校的改革也被提上了议程。1985年中共中央提出改革大学招生的计划制度、改革毕业生分配制度等思路，意在改变政府对高等学校统得过多的管理体制，给高校更多的自主权。1993年，中共中央、国务院印发了《中国教育改革和发展纲要》，提出进一步扩大高等学校的办学自主权，逐步实施大学收费制度，大部分毕业生采用自主择业的就业方法等。1999年中共中央办公厅发文《中共中央国务院关于深化教育改革全面推进素质教育的决定》，提出深化教育改革，扩大高校的招生规模等。此后，高等教育在规模、数量上迅速发展，围绕招生、就业、办学体制、教学内容等方面的改革不断推进，取得了明显的效果。

（二）辅导员职能转向多元化专业性支持

在高等教育改革不断推进的过程中，高校的学生工作体系越来越复杂、精细，国内的高校纷纷成立了专门的学生工作部门，并且大都是将作为党委机构的学生工作部和作为行政机构的学生工作处合署办公，统称为学生工作部（处）。同时进一步细分部门设置，设立了思想教育和学生事务管理的专门机构，这标志着在高校已经有了学生思想政治工作和学生事务工作分别由不同人员负责的工作要求。

出现了学生思想政治工作和学生事务工作的分野之后，辅导员原本"一元化"的工作模式被打破。比如就业中心的成立，一方面是市场化之下高校改革的产物，另一方面将原本辅导员对毕业生工作分配的职责剥离；心理中心的成立，则表明学生事务与政治思想进一步脱离，在此之前高校几乎不关注学生心理问题，心理辅导即是"做思想工作"；废除了国家包上大学的制度后，面对贫困生上不起学的情况，勤工助学、资助管理等部门相继成立……越来越多的学生管理事项走上了专业化、专门化管理的道路，以往辅导员一元化政治性统合的工作逻辑不复存在。

一元化政治性统合的工作逻辑不复存在之后，辅导员制度的逻辑应转向哪里？以复旦大学为例，该校《本科生辅导员工作职责条例（试行）》规定辅导员的职责有"思想政治教育工作""学生管理工作""辅导咨询工作"和"素质能力提升"共4个板块、16项内容，除了思想政治教育工作之外，辅导员需要承担诸多辅助性支持。由此可见，在整个学工系

统中，辅导员越来越多的提供一些功能性的支持，成为连接学生和各职能部门或者部门职责的桥梁。比如向就业中心反馈班级学生的毕业动向、组织同学参加心理健康测试、对贫困生进行认定并为其申请助学金等等。

因此辅导员的工作不再仅仅是一元化的政治性的工作，而是涉及许多方面——思政教育、制度建设、奖助金评定、职业发展支持、心理健康工作等等，这些工作有的需要辅导员亲自开展、全权落实；有的在学校设有专业的职能部门来承担相应职责，但是需要辅导员来配合其工作的开展。辅导员的角色由一元化向多元化过度，政治性的统合向专业性的支持转变。

我国辅导员制度沿着一元化政治性统合到多元化专业性支持的逻辑，在身份定位、职责要求等方面发生了重大的变化。在我国建设世界一流大学的过程中，未来辅导员制度的何去何从逐渐受到越来越多的关注。当前高校的辅导员所需处理的事务千头万绪，相应的配套制度却没有跟上，致使辅导员们的缺乏工作积极性。而作为高校辅导员而言，"专业化""复合型"也来越成为当前工作中最急迫的一个要求——一方面是思想政治专业的素质需求，另一方面是各种事务性事项的能力需求。面对多元化专业性支持的逻辑转变，辅导员们应该在又"红"又"专"两个维度同时提升。做好学生的思想政治工作是一名辅导员的底线要求，这需要"红"；做好学生的日常管理、为学生提供各方面的指导和帮助则需要"专"。要转变对辅导员培养的观念和思路，有必要以思想政治教育专业为核心，构建综合性、复合型的课程体系，培养专业的辅导员团队，让更多的专职人员走上辅导员工作岗位，这将很大程度上有利于辅导员工作的开展及辅导员价值的发挥。

第二节　高校辅导员的职业特点

对于辅导员来说，凡涉及学生教育、管理和服务方面的事务，都属于辅导员的工作范畴。教育方面的工作主要是思想教育和德育，管理方面的工作包括了学生日常学习、生活事务方面的管理，服务方面的工作包括了为学生提供学习辅导、心理辅导、职业辅导等。辅导员工作的内容决定了这一职业不同于其他职业的特点。从根本属性上来说，辅导员工作具有政治性、教育性和服务性的特点。此外，辅导员工作的特点还包括了直接性、基层性、复杂性、烦琐性等一般属性。

一、政治性

（一）辅导员的工作内容决定了其职业特征的政治性

高校辅导员的首要任务是对学生进行思想教育和德育，这一工作内容决定了辅导员职业特点中带有非常明显的政治性特征。中央 2004 年 16 号文件中明确规定："所有从事大学生思想教育的人员，都要坚持正确的政治方向……在事关政治原则、政治立场和政治方向问题上不能与党中央保持一致的，不得从事大学生思想教育工作。"

大学生是十分宝贵的人才资源，是民族的希望，是国家建设的栋梁。目前我国在校大学生（包括本科生、专科生和研究生）约有 2000 万，加强和改进大学生思想教育，提高大学生的思想政治素质，培养当代大学生积极、健康、向上的思想，对于确保我国社会主义现代化建设的稳步发展具有重大而深远的意义。辅导员是高校中开展大学生思想教育工作队伍中的主体之一，是思想教育的骨干力量。

（二）强调辅导员工作政治性的目的

强调辅导员工作的政治性，目的在于强化辅导员在开展思想教育工作时必须具备科学的、坚定的价值导向，避免盲目性和随意性，要有目的、有计划、有组织地对学生系统地施加思想意识上的影响，把科学的、正确的思想意识、政治观念、道德要求、法纪观念和心理素质要求等转化为学生的内在素质，引导学生朝正确的方向发展。人的行动是受目的支配的。相同的客观外在条件，不同的人会有不同的发展结果，这与人的不同价值取向、主观努力直接相关。辅导员的工作就是通过思想教育和德育，把人在发展中符合社会目标的思想政治理念强化，形成理想信念，并对其行为起支配作用，使之与社会发展方向保持一致，并与社会发展形成良好互动，即引导学生在进行个人选择时注意符合社会发展的目标，帮助学生从社会目标中获取正确取向和动力支持，从而使个人得到更快、更好地发展。

（三）政治性特征对辅导员自身的素质要求

对于辅导员而言，首先自身要拥有过硬的政治素质，进而才能在学生的政治信仰、政治观点、政治态度和政治立场等方面展开全面、细致的辅导，培养学生能够在纷繁复杂的社会环境中保持正确的立场和态度，提高学生的政治素养，强化学生的政治意识。要注重班级内部党支部和团支部的建设，注重提高党员和团员的素质，注意营造班级内部团结、积极、向上的氛围，定期开展时事讨论和政策学习等活动。

二、教育性

（一）辅导员是教育工作的主要实施者之一

大学生素质的改善与提高需要通过教育才能得以实现，这其中包括了政治、思想、专业、心理健康等各方面的教育。辅导员是教育工作的主要实施者之一，除对学生日常学习、生活进行管理和提供服务之外，辅导员工作更为重要的是对学生进行思想教育和德育，因而，教育性也是辅导员工作的根本属性。辅导员工作中直接面临的是学生，辅导员的工作说到底就是做人的工作，工作的有效性是由学生的个体行为来体现的，即学生通过接受辅导员的教育后思想的变化反映在行动上。

（二）辅导员工作的教育功能

辅导员工作具有非常明显的教育功能。教育功能首先体现在对学生世界观、人生观、价值观的教育上。原国家教委1995年12月21日颁布的《中国普通高等学校德育大纲》中指出："现在和今后一二十年高等学校培养出来的学生，他们的思想道德和科学文化素质如何，直接关系到21世纪中国的面貌，关系到我国社会主义现代化建设事业能否实现，关系到能否坚持党的基本路线一百年不动摇。"加强大学生思想教育和德育，是实现国家对于大学生教育要求的主要途径。辅导员可以依据大学生的身心特点和思想特点，根据大学生身心发育、发展和变化规律进行潜移默化的教育。其次，辅导员工作的教育功能还体现在辅导员自身的表率和示范上，"言教"能否内化为学生行为的动机在很大程度上取决于辅导员的"身教"，取决于辅导员是否自己以身作则，为人师表。辅导员是否德才兼备直接影响到辅导员的声望和威信，辅导员是否受到学生的尊敬和爱戴直接影响到辅导员工作开展的有效性。辅导员的一言一行对学生有直观示范的作用，榜样的力量能够激励、启发、引导学生去效仿，能够增强学生抵制外界干扰的能力，有效调控自己的行为。辅导员工作的教育功能还体现在辅导员与学生之间所进行的协调沟通上。辅导员与学生之间的沟通交流包括了学习方面的交流、人际关系方面的交流、心理问题方面的交流和职业发展方面的交流等。辅导员通过和学生的沟通交流，帮助学生端正学习态度，明确学习目的，建设良好学风，掌握学习规律，使学生能够具备较好的专业素质，从而在社会上立足。通过与学生真诚的谈心活动，彼此之间达成共识，帮助学生化解人际交往中的矛盾，实现和谐的人际关系。大学阶段的学生心理尚不成熟，情绪不稳定，心理矛盾时有发生，处于心理问题的高发期，辅导员要时刻关心大学生心理健康，适时适当进行心理健康教育，避免学生在世界观、人生观、价值观的形成、发展、确立过程中发生偏移和摇摆，对自身心理带来副作用。

教育功能贯穿于辅导员工作的始终，无论是管理育人，还是服务育人，辅导员工作所体现出来的教育性都值得每个从事辅导员工作的教师重视。

三、服务性

（一）辅导员需要树立为学生服务的意识

高等教育为经济基础服务，学生工作为教学工作和办学目标服务，老师为学生的学习生活服务，概括地说，高等院校中的所有工作都是以学生为本，围绕学生的利益和需求展开。辅导员工作是学生工作的重要组成部分，因而辅导员在工作过程中必须首先明确其工作性质中的服务性特点，即辅导员工作一定要以学生为本、真心诚意地为学生提供服务。

把服务性作为高校辅导员工作的根本属性，强调的是辅导员在思想认识上和实际工作的开展中都必须时刻牢记自身工作所具有的服务性，从学生的需要出发，真正将服务二字落实到对学生日常生活、学习事务的辅导和引导中，创造一切有利条件方便学生要求的实现。确立服务性是辅导员工作的根本属性，有利于辅导员思想认识到位，树立以学生为本的正确观念。做任何一项工作，都应当首先明确工作究竟是为了谁、服从谁、服务谁的，明确了工作的宗旨、性质才能更好地保证工作的正确开展。确立服务性是辅导员工作的根本属性，有利于辅导员工作到位，充分发挥辅导员的保证作用，不是被动等待学生寻求帮助，而是主动关心学生，积极为学生解决实际问题和困难，保障学生正常的学习、生活。确立服务性是辅导员工作的根本属性，有利于继承和发扬我们党的优良传统、发挥思想政治工作上的优势、提高思想政治工作的威信。长期以来，有人将思想教育工作当作整人管人的工作，明确了学生工作的服务性特征，就从本质上划清了两者的界限。

学生的发展是最终目的，是至高无上的。辅导员在工作中应转变过去以管理为主、教育为辅的工作理念，牢固树立为学生服务的思想意识，一切为学生的利益着想，一切为学生的成才着想，一切为学生的发展着想。辅导员的一切工作都要为了引导、保证和促进大学生的发展，不能为了工作而工作，而应该把自己摆在服务大学生发展的位置上，以大学生的发展作为工作的落脚点和出发点。

（二）服务性特征在辅导员实际工作中的体现

在实际工作中，辅导员应主要把握好三个方向：一是要营造浓厚的学习学术氛围，为大学生的发展提供环境服务；二是要创建成才激励机制，为大学生竞争意识的增强提供服务；三是要搭建社会实践的大舞台，为大学生理论联系实际提供服务。在强调辅导员服务为本的同时，也要注意培养和增强大学生的主体意识，充分发挥大学生的教育主体作用。一要培养和增强大学生的主体意识，通过开展一些以发展大学生主体性为目标的校园文化活动，使大学生在自我教育、自我管理、自我服务的各项活动中，情操得到熏陶，自我价值得到实现，从而逐步消除对家庭、学校和社会的依赖思想，使大学生自尊、自立、自信、自强；二要强化"自我教育"，自我教育是教育的最佳方式和最终目的；三要重视和培养大学生的自律能力，变被动管理为主动管理，增强大学生自己管理自己、自己管住自己、自己管好自己的意识和责任感，使大学生对自己的行为真正负责。

四、直接性

新生走入校门后接触到的第一个老师是辅导员，大学生活中直接接触最多的老师也是辅导员，毕业离开学校时站在身边的依然是辅导员。对于辅导员来说，其工作对象就是自己面前的学生，工作内容就是与学生相关事务的管理和相关服务的提供。与高校中其他管理学生事务的主体相比较，辅导员工作具有直接性的特点。

辅导员工作的直接性体现在以下几个方面：首先，辅导员是与学生进行直接接触最多的老师，辅导员在学生与其他学生事务管理主体之间充当着桥梁和中介的作用。辅导员通过召开班会、与学生谈心等方式将学校学生管理相关规定以及所提供的一系列服务等告知学生，同时辅导员也通过与学生的沟通交流，了解和掌握学生的思想和行为动态，为学生事务管理规定的制定以及相关学生活动的组织策划提供参考信息，并且将学生的意见、建议向上反映，发挥上传下达的作用；其次，辅导员是学生事务的直接处理者和学生管理活动的执行者。学生的宿舍安排、班委的选拔任命、班级活动的组织协调，都需要辅导员的直接参与，或是引导，或是协助，或是指挥，缺少了辅导员的参与和调控，班级事务很难协调运转起来。辅导员需要与学生接触，时刻了解学生日常生活、学习状况，从而才能更好、更有针对性地进行学生事务管理。

辅导员工作的直接性决定了辅导员在学生事务管理过程中会碰到各种各样的问题，不仅涉及学生日常的学习、生活，还有心理、职业发展的方面，这就要求辅导员要具有全方位的素质，在提高自身思想觉悟的同时，还应当夯实基础知识，完善自身知识结构，更好地发挥辅导员工作管理育人、服务育人的功能。

五、基层性

辅导员是高校思想教育和德育工作的基层工作者，辅导员工作具有很强的基层性。从高校学生管理体系的组织结构来看，学校处于最上层，院系处于中间层，辅导员则处于最底层。辅导员是工作在高校第一线的教育管理人员，按照学校党委和院系相关领导的部署对学生开展思想教育和德育工作，直接负责学生相关事务的管理和服务的提供。

辅导员工作的基层性决定了辅导员日常工作中大部分的事务都是执行性的工作，主要是完成学校党委和院系部门安排交办的事务，维持班级的正常运转，协调班级内部关系，建立良好的班风班纪，为学生的日常学习和生活创造一个良好的环境。辅导员在工作中必须服从领导和上级的安排，班级利益要服从于整体和大局的利益，工作中要有宏观的眼界和开阔的思路，切忌只顾局部利益而忽视全局。

尽管辅导员工作的基层性决定了辅导员在工作中必须具有服从性，但辅导员工作也不能生搬硬套，一味服从，而应当在坚持基本原则的前提下发挥自身的主观能动性，结合班级和学生特点灵活开展工作。学校党委针对学生事务管理和服务所制定的只是一系列的大政方针，经院系传达后，需要辅导员结合具体的实际情况加以展开落实。不同的班级具有不同的特征，不同的学生具有不同的性格，辅导员在进行学生事务的管理时不能搞一刀切，而应当依据不同的情况采取不同的对策。辅导员在为学生提供服务的时候也应当因人而异，因为不同的学生情况不同，需求也不同，只有从学生利益角度出发的管理和真正切合学生需求的服务，才能够获得学生的认同，才能够真正达到育人的目的。

六、复杂性

　　凡是担任过辅导员的老师，对于辅导员工作的复杂性都深有体会。新生尚未进校，辅导员的工作早已进行得如火如荼。翻看任何一位辅导员的工作备忘录，本子上都是记录得密密麻麻。辅导员工作的复杂性不亚于任何一项其他工作。

　　辅导员工作的复杂性主要体现在以下方面：首先，辅导员要面对的学生具有复杂性。大学里的学生来自全国四面八方，各自以前学习、生活的环境都不相同，学生之间的水平和高低层次也不尽相同，班级学生复杂的组成增加了辅导员工作的复杂性。其次，来自不同地方的学生有自己不同的学习习惯和生活习惯，彼此间发生冲突和矛盾不可避免，学生与学生之间的人际关系也比较复杂，尤其部分学生在大学以前享受着家长和老师的特殊待遇，但进入大学后由于强中更有强中手，丧失了以前所享受到的种种优惠，心里有时会失衡，从而导致与同学之间的关系紧张。再者，辅导员在工作中遇到的学生问题也是多种多样、纷繁复杂的，不但有学习方面的问题、人际交往方面的问题、感情方面的问题，还有心理健康方面的问题，以及职业发展方面的问题等。作为一个辅导员，必须时刻准备着帮助和引导学生处理各式各样的问题。此外，辅导员在工作中还会不时遇到一些突发性的问题和危机问题，很多问题是事先从未料想到的。

　　辅导员工作的复杂性对辅导员的素质提出了较高的要求，辅导员必须是个多面手，善于处理学生事务管理中所遇到的各种各样的问题，同时更要注意通过日常和学生的沟通交流，细心了解观察学生的状况，防患于未然。

七、烦琐性

　　辅导员工作的烦琐性明显地体现在辅导员要负责处理学生方方面面的事务，无论大事还是小事，只要是与学生事务相关，都属于辅导员管理的范畴。从新生进校开始，直到毕业离校，辅导员所承担的责任不仅仅是学生生活、学习的引导者、教育者，更多时候是学生的服务者，为学生的学习、生活提供各种力所能及的服务。有的学生生活自理能力比较差，学校澡堂在什么地方、附近的超市在什么地方都需要打电话询问辅导员，甚至有学生要求辅导员到宿舍教自己如何挂蚊帐！还有学生学习能力较弱，离开了高中老师督促学习后，不知道在大学里应当怎样来进行学习，遇到学习方面的问题就灰心气馁，辅导员不仅需要帮助学生解决学习中的难题，更需要帮助学生重新树立起学习的自信心。除此之外，辅导员还会碰上很多与自己所管理班级学生事务不相关的事情，比如出国的旅游签证如何办理，某某院系的研究生考试情况如何等等。这一些不属于辅导员工作范畴之内的学生的个人事务，也全部摆放在了辅导员的面前。辅导员被戏称为学生的保姆。

　　辅导员工作的烦琐性还与学校部门设置有关系，高校中各个部门之间有明显的职权划分，但对于辅导员来说，其所负责管理的学生事务很多时候往往牵涉的是学校的多个部门，学校部门与部门之间的工作有时并不十分协调，原本简单的事情有可能会变得比较复杂，辅导员不得不花费大量的时间和精力奔走于各个部门之间，从而加剧了辅导员工作的烦琐性。高校各个部门分开管理，也加剧了辅导员工作的烦琐性。

面对烦琐的学生事务，辅导员要学会分清轻重，不能让自己的时间和精力陷入一些比较细节的事务之中，而应当将主要时间和精力花费在班级的宏观管理调控方面，在工作中要善于授权，发挥班级骨干力量的作用，使其协助辅导员处理班级事务和同学事务，同时还应当积极培养和发挥学生自我管理和自我服务的能力。

第三节　高校辅导员的职业素质和能力

一、辅导员素质现状

目前多数辅导员具有较高的知识素养和良好的智能品质，善于正确处理学生问题，具备较强的组织管理能力。在需要层次上，多数辅导员能以教育事业为重，不计较得失，表现出无私奉献的精神，对社会期望值为合理。大多数辅导员能够自尊、自立、自强、自信，具有较强的自我调控能力。然而，从目前情况看，部分辅导员素质并不高，与辅导员应具备的素质特征还有较大的差距，突出表现在以下几方面：

（一）知识结构不尽合理

第一是知识面不够广博，缺乏综合运用知识的能力。第二是缺乏必要的教育学、心理学知识，尤其是一些非师范专业毕业生，没有系统学习过教育学、心理学知识。第三是知识更新、创新意识不强。在社会转型期，大学生、辅导员都会遇到前进中的问题，这其中有社会的、经济的，更多是思想观念、价值观的问题，辅导员若不具备一定的理论素养和较全面的知识结构，是不可能有效解答学生的困惑的。这种知识结构上的缺失，将是影响其良好心理素质形成的重要因素。

（二）智能品质不够完善

一是运用教育科学知识开展思想工作的能力弱，缺乏开展有关学生身心特点与思想发展水平的针对性研究。二是科研意识不强、科研能力较差，缺乏对学生思想问题的洞察力，对学生中的新问题缺乏敏感性，难以准确抓住问题的实质、掌握教育时机。三是缺乏挑战精神与创新意识。此外组织管理能力还有待于进一步提高，主要表现在方法上欠妥和教育技能上的不足。

（三）需求层次偏离及对本职工作的热情不够

有的辅导员过于偏重个人前途、待遇，事业心和奉献精神欠缺。个别辅导员认为学生工作琐碎烦心，甚至经常出现寻机换岗的想法。

二、高校政治辅导员的角色功能分析

高校政治辅导员是学生思想教育工作的主力军。他们处在与学生联系的第一线，在与学生面对面的交流中关心学生的生活、督促学生的学习、指导学生的工作，帮助学生培养良好的思想品德、行为习惯，从而促进学生向着品学兼优全面发展的方向努力。他们在促进大学生全面成才、培养社会主义事业合格建设者和可靠接班人方面负有十分重要的责任，是贯彻党的教育方针、实施大学生思想教育、维护高校和社会稳定的重要依靠力量。一般来说，高校政治辅导员担当着以下几个角色。

（一）大学生思想教育的导师

政治辅导员是高校思想政治工作队伍的重要组成部分，担负着大量的、第一线的思想政治工作，是大学生健康成长的引路人。思想政治工作也是政治辅导员最基本的任务。高校政治辅导员在大学人才培养过程中能否坚持正确的政治路线和方向，能否坚持以科学的理论武装大学生，以正确的舆论引导大学生是至关重要的。大学阶段是大学生价值观基本形成的重要阶段，能否使马列主义、毛泽东思想、邓小平理论、"三个代表"重要思想、科学发展观和习近平新时代中国特色社会主义思想成为大学生自觉坚持的指导思想，并在此思想指导下形成正确的世界观、人生观和价值观，这是政治辅导员的首要职责和任务。因此，政治辅导员要运用马克思主义基本原理、观点、方法引导大学生认识世界、了解社会、辨别是非，提高大学生的政治鉴别力和政治敏锐性。

（二）大学生身心发展的疏导者

大学生一般处于生理心理逐步走向成熟的时期。在这一时期，他们开始摆脱心理上的依赖性和受保护的习惯，自我意识日益增强。随着经济体制的转型和社会的转轨，出现了传统与现代并存、新旧观念交锋、先进与落后对垒、东西方文化相互碰撞的情况。所有这些都对大学生的思想意识、价值观念、思维方式、行为模式、生活方式产生了巨大的冲击和影响。大学生承受学习、经济、人际关系、就业等方面的心理压力越来越大。调查资料显示，有超过20%的大学生存在不同程度的心理障碍。目前，心理异常和心理疾病已成为大学生健康成长的巨大障碍。在我国心理咨询和心理治疗还很薄弱，高校心理卫生教育尚未普及的情况下，肩负着塑造大学生健康人格重任的政治辅导员应责无旁贷地成为学生心理问题的疏导者和心理卫生知识的传播者。自觉学习心理卫生保健知识，深入实际，了解和关注大学生的心理问题，优化大学生的心理素质，提高其心理健康水平。

（三）大学生择业就业的参谋者

新的就业形势给高校政治辅导员提出了新的要求。一般来说，大学生在校主要学习的是专业知识，对择业就业知识了解不多，高校政治辅导员有责任和义务对他们进行指导和培训，帮助他们顺利地走上工作岗位。首先，帮助大学生树立正确的职业理想。为谁而工作，这是大学生就业前首先要解决的问题。大学生职业意识折射出的价值取向呈现多元化的色彩，而社会主义市场经济倡导的价值取向是在不否定实现个人价值的前提下，仍要弘扬为国家、为民族的振兴而奉献青春的社会价值观。奉献社会，仍然是我们大学生就业意识中最重要的一块基石，祖国的需要和民族振兴的责任仍然是当代青年学生人生职业选择的第一主题。其次，帮助大学生更新就业观念。社会的变迁，就业形势的变化，需要政治辅导员帮助同学们更新就业观念，让大学生明白国家的就业形势和就业政策。当然，也应邀请有关专家对大学生进行就业培训，以使其顺利找到工作。

（四）大学生日常生活的管理者

政治辅导员担负着大量的日常行政、教学管理工作，从新生报到到毕业就业，从日常考勤到向家长反馈情况，从早操点名到晚自习检查，从生病学生的照料到突发事件的处理，以及评优、评奖、综合测评、毕业鉴定及推荐、困难补助发放、勤工俭学的组织、学籍和违纪的处理、各种活动的安排等等。学校的其他机构也往往是通过政治辅导员与广大同学联系，因而，政治辅导员也是高校正常运转的重要力量。

三、高校政治辅导员应具备的素质

为适应多重角色，促进大学生的全面发展和高校的正常运行，高校政治辅导员必须努力提高其自身素质。

（一）过硬的思想政治素质和道德素质

思想政治素质是高校辅导员的核心素质。江泽民同志曾强调："教书者必先强己，育人者必先律己。教师的道德、品质和人格，对学生具有重要的影响。"要提高受教育者的思想政治素质，必先要求教育者具有良好的思想道德品质和扎实的政治理论素养。坚持以正确的政治方向引导人，以先进的政治理论熏陶人，以严格的政治纪律规范人，不断提高自身的政治素质、政治敏锐性和政治识别力，在"为谁育人""育什么样的人"这样的大是大非面前，有清醒的头脑，正确的认识。育人为本，德育为先。道德教育已愈来愈成为整个教育的重心。"学高为师，身正为范。"无形的示范和感化比语言形式上的教育更深刻、更实在。辅导员的工作是一项特殊的职业，它不能借助职位、权力让人信服。辅导员要以自身良好的品行风范、道德修养和人格魅力作为一种直接有力的教育因素潜移默化地感染和教育学生。

为深入学习宣传贯彻党的十九大精神和习近平新时代中国特色社会主义思想，积极弘扬社会主义核心价值观，着力增强高校学生思想引领引导实效，由中央网信办网络评论工作局指导，中国青年网承办的"学习宣传贯彻十九大精神与新时代高校学生思想引领"专题研讨会在京召开。

会议主题为"新时代高校学生思想引领的创新与发展"，紧密围绕学习宣传贯彻十九大精神，聚焦新时代高校学生思想引领，以中国新闻奖一等奖获奖专题"您好，马克思"为切入点，邀请从事思想政治工作的高校和科研院所相关青年专家学者，共同探讨宣传引导内容与形式创新，进一步提升思想引领的吸引力、到达力和有效性。

思想政治教育只有接地气，才能有浸润人心的感染力。与会代表认为，高校思想政治工作从本质上说是释疑解惑的过程，要想达到得人心、暖人心、稳人心的效果就必须及时回应学生的学习、生活、社会实践，乃至社会舆论热点中所遇到的真实困惑。在对大学生进行思想引领的时候要注意结合95后、00后大学生的思维特点和行为习惯，以大历史角度把握时代，以青年角度来看新时代，以服务青年为中心，通过个性化的载体教育青年，才能收到更好的效果。同时，在面对西方媒体报道时，需要切实帮助青年学生进一步提升辨别能力，澄清谬误，明辨是非。与会代表表示，形式是内容的载体，内容与形式必须生动结合，没有好的形式即使是好的内容也没有办法有效传递或者深入到青年内心当中去。思想政治教育需要多元综合的表现形式吸引、影响青年学生。与会专家一致认为，在新时代，要做好青年思想引领工作就必须让思想政治工作从表层深入到灵魂，从形式深入到内容，让思想教育引领更亲切更接地气。

（二）丰富的文化素质

当今世界，文理渗透日趋明显，新兴学科、交叉学科不断产生。辅导员要在文理兼容的基础上，不断提高自己的文化修养。一个辅导员如果没有相当的文化底蕴和科学知识的积累，要想在日常教育工作中掌握主动、占有先机是很难的。辅导员除了应掌握系统扎实的思想政治理论知识外，还应具备一定的教育学、心理学、管理学、伦理学、美学等知识；应尽可能地了解与学生专业有关的基础知识，以便有效地指导学生的专业学习；应掌握一些与学生兴趣爱好有关的知识，或在音乐、美术、文学、体育等方面有一技之长，以便更好地与学生交流，融洽师生感情，并达到寓教于乐的目的。另外，在网络时代，为了更好地开展学生工作，加强师生间的联系与交流，辅导员还应具备必要的网络知识与操作技能。总之，辅导员必须具备一定的思想教育及管理工作知识，同时还应具有广博的人文和自然科学知识。

（三）较强的能力素质

辅导员应具备较强的办事能力、协调沟通能力、组织管理能力和语言表达能力，成为学生教育管理的专家。学生工作头绪多，事务繁杂。学生各方面的事务仅靠辅导员本人是不可能完全解决的，而需要与相关职能部门沟通合作，共同处理。辅导员应具有选择活动、制订方案、具体实施、总结经验和处理突发事件的能力，既要能使自己成为多面手，能顺利应付种种事务，又要能通过有效的组织管理，调动学生的积极性、主动性和创造性，从而达到集体教育的功能。谈话是辅导员开展思想工作常用的重要形式。一句恰如其分的赞扬，能使学生信心倍增、干劲十足；一句语重心长地告诫可使学生猛然自醒、奋起直追；而言辞粗暴、语言过激往往会伤害学生的自尊心，甚至使学生产生逆反心理。因此，良好的语言表达能力和诙谐幽默、恰到好处的语言表达技巧也是学生辅导员的基本素质要求。

（四）良好的心理素质

教育者良好的心理素质是顺利进行素质教育，达到健康人格培养的保证，是高质量、高效率工作的保障。正如乌申斯基所说："教师健康的心理素质、美好的心灵是任何东西都不能代替的有益于发展的阳光。"教育对象的日益复杂化，要求辅导员必须具有良好的心理素质水平，必须具备敏锐的观察力，能及早尽快地发现各种问题，并能给予合理的指导；要保持良好的心境和乐观、稳定的情绪，以熏染并培养学生积极向上的情感及乐观向上的人生态度；必须具有良好的情绪反应能力、良好的心理承受能力和适宜的宣泄方式，能较好地自我调节和转化不良情绪，善于不断地修正和"平衡"自己。

（五）较强的创新素质

知识经济时代的发展要求高校必须培养创新型人才。江泽民同志指出："创新是一个民族进步的灵魂，是国家兴旺发达的不竭动力。一个没有创新能力的民族难以屹立于世界先进民族之林。"同样，创新也是学生思想政治工作的生命和动力。辅导员必须具有创新意识和创新精神，不断更新教育观念，转变教育思想，探索思想教育的新途径和新方法。在工作中努力求新、创新、出新，做到学习求知有新视野，分析问题有新角度，研究情况有新见解，部署工作有新思路，解决问题有新办法，管理学生有新经验，形成自己在学生工作中独有的风格。

（六）一定的科研素质

陈秉公在《思想教育学》一书中指出："思想教育是一项复杂深奥的工作，只有在已有经验和理论的基础上，经常开展深入细致的科研工作，才能跟上形势的发展，掌握工作的本质和规律，不断开创工作的新局面，忽视科研的人或科研能力较弱的人，往往不能掌握工作的本质和规律，难免陷入经验主义或教条主义。"科学研究有助于辅导员正确把握新形势下教育对象的变化和特点，可以学习、吸收古今中外思想道德教育的闪光思想和有益经验，创新应用思想教育的方法和规律，增强工作的实效性，并对培育崇尚学术科技的校园文化有潜在的示范和促进作用。从长远看，辅导员工作应不再是一个作短暂停留的驿站，临时工作的岗位。和其他职业一样，辅导员工作也应有鲜明的职业形象、过硬的职业技能和严格的资格认定，即辅导员的出路应该是走专业化和职业化之路。因此，辅导员必须具备一定的科研素质，这是提高工作成效的需要，是辅导员专业化和职业化的基本要求，是立足于学术基础发挥举足轻重作用的高校的需要，也是高校辅导员生存和发展的必备素质。

四、辅导员的职业能力

（一）管理能力

辅导员是学生事务的管理者，作为一个管理者而言，辅导员的管理能力高低直接影响到学生工作的绩效。从本质上来说，管理活动的目的是追求效率，管理能力是指组织者能否提高工作效率的水平高低。对于辅导员来说，是否在学期初就对本学期的工作有整体的计划，工作计划是否是在充分考虑学校安排以及学生需求等具体情况之下所制订的，工作计划是否是严格按照预定计划开展活动并对活动情况进行评估，是否能够充分调动和依靠班级学生参与班级事务的管理之中等，都是考察一个辅导员管理能力高低的影响因素。辅导员的管理能力可以分为几个方面：一是制订计划的能力，也就是能否科学、准确地制定出决策；二是执行计划的能力，也就是在计划的执行过程中能否充分调动一切可以调动的力量，以及协调活动团体中成员之间的关系，并进行适当的授权和控制；三是评估计划的能力，也就是在活动开展中能否科学地对活动情况进行评价并对执行者给予相应的指导，在活动结束后归纳总结经验教训，并进行绩效考核评估。

（二）辨别能力

现代生活日益复杂化，学生生活的环境以及面对的事物也日益复杂化，直接导致辅导员的工作也日益复杂化，要在复杂的工作环境、复杂的工作对象和复杂的工作内容面前依然很好地开展学生工作，需要辅导员拥有较强的辨别能力。从诸多矛盾中分辨出主要矛盾和次要矛盾，从众多信息中甄别出真实和有用的信息，从而方便学生工作的开展。

辅导员的辨别能力直接体现为辅导员对事务的辨别准确性以及辨别速度。一个好的辅导员需要在尽量短的时间内迅速做出正确的判断，从而提高辅导员工作开展的绩效。辨别能力的培养和提高需要建立在扎实的知识基础和经验基础之上，通过不断总结实践的经验，有针对性地进行辨别能力方面的训练。

(三)沟通能力

辅导员面对的学生具有各自的生活背景、知识背景，成长于不同的环境之中，在日常生活习惯、学习习惯以及思想成熟度方面都具有很大的差异，当这些学生进入大学组成一个集体之后，日常的相处之中难免会发生纠纷和矛盾，这时就需要辅导员与同学之间进行沟通，协调学生之间的人际关系。这就要求辅导员要具有较好的沟通能力。同时学生工作涉及学校多个部门，相关事务的处理过程中要求辅导员能很好地与不同的管理主体进行沟通，更好更快捷地为学生管理服务。

辅导员在培养自身沟通能力的时候，首先必须正确认识自己，只有摆正自己的位置才能正确处理和他人的关系；其次要尊重他人，在平等的基础上与他人进行交往；再者要善于学习相关沟通技巧，比如语言表达的方式等。

(四)决断能力

大学阶段是思想最为活跃的一个阶段，大学生一方面容易受到各种各样思潮的影响，同时由于心理发育的不成熟，容易导致大学生行事冲动，学生管理中时常会有突发事件和危机事件的发生。对于辅导员来说，首先在思想中必须对危机事件和突发事件有足够的意识，有充分的思想准备。日常积极开展对危机事件和突发事件的处理方式的学习，这样才能够在事件发生时做到不慌乱，做到心中有数，并针对事件发生时的具体情况，有计划、有步骤地进行处理。

即使是在一般的学生事务的处理中，辅导员也需要拥有决断能力。做事优柔寡断、犹豫不决的辅导员难以获得学生的信任。辅导员的决断能力体现了辅导员对事态和局面的掌控能力，坚决、果断、干练的处事风格有利于辅导员建立自己的威信，增强辅导员教育工作对学生的说服力。

(五)创新能力

创新能力是辅导员工作中必备的能力。时代在发展，社会在进步，学生的需求在变化，辅导员在工作中必须具有创新意识，而不能停留在已往知识、能力的基础上，否则将会被时代所淘汰。创新能力具体体现在以下三个方面：一是理念意识的创新。辅导员必须通过经常性的学习接触各种新事物，拓展自身的知识领域，完善思维模式，以敏锐的观察力从司空见惯的事务中发现不寻常的地方，运用创造性的思维、活跃的灵感获得新的知识。二是工作模式的创新。在辅导员工作的开展过程中，辅导员要在学生工作基本政策的框架范围内，结合自身班级和学生的具体情况，结合自身能力、素质方面的优势，灵活多样地开展学生工作。三是工作方式的创新。辅导员应当转变过去单纯命令式的学生管理方式，应当在教育育人、管理育人和服务育人理念的指引下，以满足学生的需求、创造适合学生发展的环境条件、促进大学生的全面发展为目标，采取个性化和人性化的工作方式。

在实际工作中需要注意，强调创新能力并不等同于异想天开，而是在实际的基础之上合理运用创新技能。无论是理念意识的创新、工作模式的创新还是工作方式的创新，都必须和实际相结合，而不能脱离实际情况。

第四节　高校辅导员的职业道德

职业道德是从事任何一项职业的人应当遵循的道德规范和行为准则。辅导员应当遵守辅导员行业的职业道德，最基本的要求是爱岗敬业、为人师表。辅导员由于其工作的特殊性，其身上所体现出来的职业道德水平不仅是自身的道德修养水平的体现，还会直接影响到其所管理和服务的大学生群体的道德修养水平，进而影响到整个社会的精神文明建设。强调辅导员的职业道德水平，加强职业道德建设，无论对于高校学生工作的开展，还是对于整个社会精神文明水平的提高，都有着重要的意义。

简单来说，对于辅导员的职业道德要求可以概括为五个方面：责任心、奉献心、上进心、务实心和真诚心。

一、责任心

责任心要求辅导员在工作中无论做任何事情都要有责任意识，首先要意识到责任，而后要敢于承担责任。对于一个辅导员来说，必须认识清楚自己作为一个思想教育和德育工作者身上所承担的责任，不仅仅只是简单地对学生学习、生活事务的管理和相关服务的提供，更重要的是发挥为人师表、道德表率的作用，通过自身的言行教育、引导学生，帮助学生正确认识和处理身边的人和事。辅导员在工作中要对领导负责，更要对全体学生负责，因为辅导员的工作直接关系到学生的未来，今天的大学生是10年~20年以后国家建设的中流砥柱，对学生负责也就是对国家未来的发展负责。

爱岗敬业不应当只是一种口号或者宣传标语，而应当真正内化成为辅导员的思想信念，成为辅导员工作的行为准则。在实际工作中辅导员要从点滴做起，小事的处理中更能体现出辅导员对于责任心的态度和看法。

二、奉献心

辅导员是一项需要很强奉献精神的职业。辅导员的工作非常复杂，也非常烦琐，工作的性质决定了辅导员很少会有惊天动地的成就，有的只是日复一日辛勤地劳作。辅导员工作不适合那些期望通过工作来获取名利的人，而只适合那些期望通过工作对学生有所帮助、对社会有所贡献的人。

三、上进心

学海无涯，学无止境。任何一个人要想获得进步，都不能够满足于已有的知识能力，而应当不断学习新的知识，强化新的能力，才能跟上时代发展的需求。辅导员的工作尤其如此，辅导员不仅要教导自己的学生不断追求上进，自身也要以同样的标准要求自己，充分发挥榜样的激励作用和促动作用。辅导员面对的是求知欲望极其强烈的大学生，他们对于未知的领域有着很强的好奇心和求知欲，辅导员应当跟上学生求知的步伐，尽可能了解学生兴趣的相关知识，搭建更多与学生沟通的平台。

四、务实心

务实的工作作风是辅导员职业道德的重要内容。创新的意识对于辅导员工作来说非常重要，但工作中求实的态度更为基础。辅导员处理每一件事情都涉及学生的利益，必须坚持求真务实的工作态度，来不得半点虚假。

五、真诚心

辅导员的工作大部分时候是直接与学生打交道，在与学生的沟通交流过程中，辅导员切忌摆出一副管理人的架子，而应当真挚、坦诚地与学生进行交流。沟通从心开始，只有用一颗真挚的心才能打动学生，实现辅导员与学生之间心与心的交流，帮助辅导员更好地开展学生管理工作。

第五节　高校辅导员工作的价值生成

辅导员是高校政工队伍中的基层干部，是一支活跃的中坚力量。近年来，随着高校招生规模的扩大，高校辅导员的工作也面临着更大的考验。虽然高校管理部门切实加强了思想政工建设，包括增加岗位配置，提高政工辅导员工作待遇等等，但仍然阻挡不了这支队伍的不断流失。价值感的缺失是导致他们重新选择的主要动因。辅导员工作岗位成为暂时的过渡，两三年后有的转为保送研究生，有的自动脱离，通过努力转为专业教师。一个曾经有过两年辅导员工作经验的老师这样说过，站在讲台上讲课而不是开会，才真正体验到自己的价值。换言之，在辅导员近三年的工作中，他始终未能确立自己的价值。这促使他寻找一切可能的机会脱离这个"琐碎繁重而又毫无价值感的"的角色。

一、价值论的现实命题

高校辅导员角色的设立，是与高等学府的设立同步进行的，一方面是因为大学生作为有待发展的知识群体，他们的政治素质和思想道德水准的发展与把握，往往关系到一个国家的稳定与可持续发展的未来，需要建立一支有着较高的思想觉悟、饱满的工作热情、出色的组织管理能力的基层专兼职政工队伍，另一方面，大学生不同于中学生，远离父母，远离家乡，远离了高考的压力，他们的大学四年，面临了太多的选择，包括知识领域的选择，兴趣的选择，自由的选择，还有理想的选择，机遇的选择，等等，这一切，既需要自己的思考摸索也需要旁人的指点，辅导员在大学生人生选择问题上，同样承担着解惑的责任，而不仅仅做到对学生表面生活的关注。

当前的高校辅导员队伍，存在着如下几个特点：①人员构成的年轻化。高校辅导员一般是由刚刚毕业的优秀本科生担任，他们更容易与青年大学生达成共鸣，理解学生的思想和感受，对工作带来很多便利，但由于刚刚走上社会，思想政治工作经验不足，年轻的辅导员同样面对着很大的阻力。许多辅导员抱怨得不到学生的尊重，认为自己的劳动得不到上司和同事的承认。在社会上刚刚立足的他们，为了确立自己的威信，有意识地拉大自己与学生的距离。那种有意识的威严与矜持只会引起学生的胆怯与疏远。②工作形态的表面化。现实的状况是辅导员为生活的表面化所累，并在琐碎中无以提升工作的意义与境界。我们在高校校园中会经常看到他们，在大大小小的部门、教室和学生宿舍间奔走，他们是学校制度和纪律的维护者，学生的日常管理主要包括上课、宿舍卫生、身体状况、思想动态、文化活动、各种赏罚的实行等等，像一张网一样扣了下来，本应科学化的管理成为接踵而至的应付。有人把当今的辅导员比作大学生的保姆，从一个侧面反映了辅导员工作的琐碎与流于表面。③岗位期限的过渡性。许多辅导员只是过渡两年，等于是基层锻炼，这支队伍的流动性实际上对管理科学的人员建设来讲是很大的资源浪费。一个成熟的辅导员至少需要两至三年的磨炼与摸索，才能逐渐掌握学生工作的技巧与科学，也才能从一个保姆似的初级政工成为合格的具有教育管理、心理学、公共关系等各项学识能力的高级政工。辅导员价值感的沦落首先来自现实与理想的比较，踌躇满志的他们有着更多的自我期望，期待社会的认可，其次来自于他人的比较，包括各行各业收入的有形比较，付出劳动的无形比较，以及满足感的比较。这种比较常常引起心理上的失衡，并带来工作上的滞后和被动。最后，还有一种比较便是和任课教师的比较，即教书育人和管理育人的比较，那种知识灌输的稳定性和权威性会在辅导员心目中引起轻微的嫉妒与自卑，知识的引导似乎让一切说教黯然失色，这又使辅导员将自我的价值打了折扣。这实际上也反映了青年政工自信心的缺失和人格力量的亟待完善。

二、价值观的未来建构

尊重个人选择与个体自由，是现代文明的表征之一。辅导员工作作为高校思想政治和教育管理战线的基层部分，从客观上来讲，在管理育人、服务育人、保证高校正常运转、维护安定团结的政治局面等方面起到了重要的作用，工作的价值也即社会价值是显而易见的，但是社会价值又不能简单地与自我价值画等号，人的自我实现的需要如果得不到满足，或者说无法在心灵上对社会价值达到真正的认可，就会造成社会需要和个人需要的脱节。现代社会，人们越来越推崇个人价值的实现，虽然表面上看来，由于分工细密而导致的集体协作成为单位之间竞争的关键，但并不等于个人在集体力量的呼声下被淹没。每个人不仅对外界事物有着价值判断的权利，同样对自身也存在相对明确的价值评价。认识你自己，是一个古老的命题，但又贯穿在现实中的每分每秒。我能做什么，我该做什么？这种价值评价的矛盾有时能成为人前进的动力，奋斗的号角，有时则会变成束缚自由与阻挡伸延的藤蔓。理想的状态是，集体实现的价值由个人独特的价值组合而成，从而造成"1+1>2"的场效应。之所以部分辅导员确立不了个人的价值坐标和行动依据，就是因为他没有在客观价值和个体愿望之间找到平衡点，在盲目坚持个人本位的前提下苛求价值的自我实现，只能出现价值观的失调。我们也相信，虽然个人的价值判断与成功或自我实现之间存在着一定的差距，经过实践的磨砺与检验之后，有着自我实现潜力的个体总会找到正确的轨道，那些固有的观念也将暗暗发生从量到质的变化，正如砂石在风化作用下的缓慢变迁，人在认识了自己之后也认识了世界，同时人的自我价值和社会价值在认识和实践的循环往复中达到了主客体的统一。也就是说，个体的价值观有一定的可塑性。

如果说辅导员工作的社会价值是先前设定的，是外在的强加指令，个人必须在遵循这种公共义务的基础上做好工作，而不考虑个人的意愿和发挥的空间，也就是自由度，包括思想上和行动上的，那么在一定的社会背景和历史境遇之下，个人仍然不能自觉自愿自主地与社会需求达成共识，妥协只会造成意志力量的减弱，且极易受到外界的影响，最终导致责任的涣散，队伍的流失。由此可见辅导员工作价值生成还需要一个宽容、民主、充满活力与弹性的社会环境，这种社会环境并不仅仅依靠辅导员的物质生活的改善和职称等级的提高来实现的，还要靠其他群体（领导阶层、教师队伍、行政管理队伍、学生）的重视、支持、宽容和尊重。一句话，社会的确认是实现自我确认的前提。

个人的发展是无法强迫的，社会的确认也是不能通过行政纲领一蹴而就的，关键还是靠自身的努力与完善。首先还是要明确职能和作用。高校辅导员主要负责所带年级的思想教育工作，同时做好学生的日常管理和班级建设，从学习上和生活上关心指导学生，深入开展细致的思想工作，培养学生骨干力量，指导学生举办丰富多彩的校园文化活动等等，应当说，辅导员工作涵盖了大学生活的方方面面。在具体的工作实践中，辅导员不能因为工作的多样形态而忽视了自身修养的提高和素质的完善。工作是平淡的，甚至充斥着程序化和官僚主义、形式主义的东西，但人的思想不能平淡，安于现状，不思进取，否则，久而久之，就会成为目光短浅的井底之蛙，落后于时代与人的思维的发展，同时也会给实际工作带来意想不到的阻力。一方面强调敏锐的时代感，扩大视野，注重更新知识储备，另一方面也要在与时间的拉锯中重视工作经验的积累，摆脱表面化的徒劳，工作的艺术性与科学化管理会大大促进自身的成就动机，从而使传统的"保姆型"向现代的"导师型"过渡，具备相当的文化底蕴和科学知识，更重要的是培养自身高屋建瓴的气魄，有着准确的洞察力，逐渐掌握日常教育工作中的主动权；而这种人格魅力就会自然而然地散发出来，工作的价值感将在社会确认和自我确认的基础上，在群体的共同努力下慢慢生成。

高校政工工作应当是从实践到理论再到实践的不断拓展，结合时代特色和青年人新的需求，开拓进取，将人文精神与科学精神融为一体，从而在育人的同时，政工自身的人格也将日臻完善。

第六节　高校辅导员队伍建设

一、加强辅导员队伍建设的意义

大学生是十分宝贵的人才资源，是民族的希望，是祖国的未来。加强和改进大学生思想教育，是新时期一项重大而紧迫的战略任务。建设一支高水平的辅导员队伍，是加强和改进大学生思想教育工作的关键之一。十六大以来，党中央一直高度重视大学生的思想教育工作。中共中央国务院《关于进一步加强和改进大学生思想教育的意见》教育部《关于加强高等学校辅导员、班主任队伍建设的意见》和《普通高等学校辅导员队伍建设规定》等一系列文件的出台指出，高水平的思想教育工作队伍是加强和改进大学生思想教育的组织保证，同时也标志着高校辅导员队伍建设进入了一个新的阶段。

现代高校辅导员工作形式多样，内容复杂烦琐，不同的人对此也是仁者见仁、智者见智。从本质来看，现代高校辅导员工作主要体现了服务性的特征：一是服务于高等教育育人的大局，服务于高校战略发展的目标；二是服务于当代大学生健康成长的客观要求，真心真意为学生服务，切实帮助学生健康成长；三是服务于自身发展的主体要求。

高校辅导员是学生工作的具体实施者，是大学生思想教育工作队伍的主体，是加强和改进大学生思想教育的组织保证。辅导员作为在校开展大学生思想教育的骨干力量，直接承担着引导学生提高思想政治素质、文化素质、身心素质的任务，在学生业务素质提高方面也起着导向、服务等作用。说建立一支信念坚定、素质稳定、甘于奉献、团结务实、勇于创新的辅导员队伍，是开展高校学生思想教育和日常管理工作的前提，是新时期做好学生工作的重要组织保证。

高等学校辅导员队伍建设是一个系统工程。面对社会发展对高校教育工作带来的内涵深化与外延拓展的新挑战，我们应突出辅导员队伍的专业化培养，推进队伍优化发展，提高队伍的整体素质，实施全员化育人的基本方略和发展方向，探索并建立起辅导员队伍建设的长效机制。充分发挥辅导员队伍建设的综合效应，培养和造就一支素质高、能力强、作风正、结构合理的辅导员队伍，在办"人民满意教育"的历史重任中发挥更大、更积极的作用。

打铁还需自身硬，欲育人先育己。作为学生的人生导师和学生健康成长的知心朋友，辅导员应该向学生传文明之道，授立身之业，解人生之惑，应该用自己的知识和修养引导学生成长成才。要想扮好这个角色，辅导员必须拥有坚定的理想信念，崇高的敬业精神，高尚的人格魅力，广博的知识架构，良好的心理素质，较强的工作能力，必须不断加强自身素质修养。只有具备了良好的组织协调、观察沟通、研究创新和应对突发事件等能力，才能在学生日常教育指导、管理和服务过程中顺利做好工作。时代给辅导员提出了更高的要求，辅导员需要不断充电、不断学习，继续接受更高一级的教育以适应时代的发展。

辅导员要主动学习和掌握大学生思想教育方面的理论与方法，定期开展相关工作调查和研究，分析工作对象和工作条件的变化，及时调整工作思路和方法，不断提高工作技能和水平；注重运用各种新的工作载体，特别是网络等现代科学技术和手段，努力拓展工作途径，贴近实际、贴近生活、贴近学生，提高工作的针对性和实效性，增强工作的吸引力和感染力。

辅导员要树立终身学习的观念，紧密结合工作实际，坚持继承与创新，不断提高工作水平和创新能力。首先必须有坚定正确的政治方向。这就需要努力加强自身的理论修养，多研读一些马克思主义的理论性文章，深刻理解理论内涵，构建自己的理论知识体系；多研究一下教育形势和对象的变化，自觉运用马克思主义的立场、观点和方法去分析和解决工作中的难点、难题，使理论与实践融会贯通，真正具有"生命力"。其次，思想教育工作与历史学、美学、教育学、伦理学、管理学、社会学、法学、心理学等学科有着密切的联系，它们是思想教育工作不可缺少的补充。作为高校辅导员，决不能仅仅把眼光局限在自己的专业领域，还应不断扩大知识面，广泛学习其他相关学科的知识，加强对中华传统文化的学习，经常阅读人文科学经典著作，努力丰富自己的文化底蕴。切实提高自身的道德、哲学、美学、艺术等方面的人文素质修养，做到各领域知识的触类旁通，这将有利于开阔视野，拓宽思路。另外，注重理论与实际相结合，搞一些应用研究课题，提高自己的科研能力。辅导员良好的个性人格是学生个性发展的不可替代的"阳光雨露"，只有提高自己的素养，才能更好地以人格魅力来管理教育大学生，才有可能帮助大学生解决深层次的思想认识问题，才能更有效地用科学的理论引导、教育学生，真正成为大学生思想上的引路人。

高校辅导员的工作内容是动态的，不是一成不变的，具有时代性、青年性、高校性、思想政治性等特点。辅导员要努力通过自己的工作，对大学生的思想政治发挥引导作用，对大学生的行为管理发挥规范作用，对大学生的学习发挥促进作用，对大学生的时代精神发挥激励作用，对大学校园秩序的稳定发挥维护作用，对大学生的班团组织发挥领导作用。辅导员的工作是全校学生工作乃至全部工作的基础。

二、目前辅导员队伍建设存在的问题

为了保证辅导员能够积极、准确、高效、创造性地开展工作，最大限度地为学生的成长成才服务，为学校的发展稳定服务，目前我国各高校都已开始重视辅导员的队伍建设问题，部分高校的辅导员队伍建设中工作还相当有成效，但是目前高校辅导员队伍建设中也存在一些问题。

（一）对辅导员定位的不明确

长期以来，高校辅导员队伍在学生党建、学生思想教育、学生安全稳定、学生管理等方面做出了积极的贡献。然而，面对新的社会环境，面对高等教育的改革与发展，这支队伍建设不断暴露出一些新的问题和不足，普遍存在多头管理、职责不清，工作绩效偏低，辅导员的知识能力难以胜任学生工作发展的要求，对于辅导员工作缺乏科学的评估体系等等，概括来说就是对辅导员定位的不明确。辅导员的本职工作是对学生进行思想教育和日常管理，但是由于高校扩招，辅导员所要进行的日常管理工作相应增多，凡是与学生有关的事情都是辅导员在做。现在各个高校普遍存在对辅导员定位不明确的问题，学校各个部门都在向辅导员布置工作任务，并且工作量大时间紧迫，致使辅导员整天忙于行政事务，没有充足的时间和精力来从事真正的本职工作，学生的思想教育工作做不好，又势必会影响到高校思想教育工作的有效开展。要从根本上解决这些矛盾和问题，就要构建辅导员队伍建设和发展的长效机制，依靠制度建设和机制创新推进辅导员队伍的建设和发展。

（二）对辅导员培养模式的不专业

目前我国高校对辅导员的培养并不专业，辅导员普遍缺乏必要的岗前、岗后专业培训，队伍状况还处于以老带新、自行摸索、经验总结的初级工作阶段，工作方法简单随意，工作管理缺乏计划性、系统性，加之许多年轻辅导员人生阅历浅、工作经验储备不足、知识结构单一，难以适应现阶段学生对职业生涯教育、心理辅导、学习方法指导等方面的要求，难以对学生进行深层次的思想政治、人生观、价值观等方面的有效引导和教育，削弱了学生工作的目标和效率。辅导员培养模式的科学化、专业化是进一步提高辅导员队伍整体素质的关键，是提升辅导员工作能力和水平的有效举措。要有计划地培养辅导员梯队，使这支队伍向专业化和职业化发展，实际提升大学生思想教育的绩效。

（三）对辅导员评价体系的不合理，激励机制的不完善

在思想教育工作方面，各高校普遍存在辅导员评价体系不合理，激励制度不完善的问题，工作相关制度的不明确使辅导员队伍减少了对工作的热情度和责任感。目前，辅导员岗位的不稳定和辅导员队伍的快速流失趋势是不容忽视的，辅导员工作的相关评价体系的不合理以及激励制度的不完善影响了辅导员工作的积极性，有相当数量的辅导员并未将辅导员工作视为一个打算长期从事的职业，很多人在选择这一工作时把它作为自己进入学校行政部门工作或成为专职教师的跳板，从而在辅导员岗位时缺乏专业素质，不用心做工作，从而影响到思想教育工作的正常进行。这就要求，致力于辅导员队伍的建设，需建立合理的评价体系和激励机制，借助它们保证和促进辅导员能够履行自己的工作义务和责任，并且全方位完善和发展自己，这也是高校辅导员队伍健康发展的迫切需要

（四）辅导员的整体结构和自身素质有待于进一步提高

高校辅导员是学校思想教育工作的直接组织者和实施者，而辅导员整体素质的高低，直接影响和制约着工作水平和管理效果，因此对辅导员整体结构和自身素质的进一步提高对于高校思想教育工作来说非常重要。目前高校中的辅导员多存在着学历层次不高的问题，很多高校的辅导员都是从本科毕业生中选出的，硕士生和博士生很少；辅导员的专业知识结构也相对单一，从马克思思想政治学、教育心理学出身的辅导员还很少。辅导员整体结构的不合理，自身素质水平不够高，将大大影响思想教育职能的发挥。

三、如何加强辅导员队伍建设

（一）明确定位

高校的辅导员制度，是中国特色社会主义高等教育的重要组成部分。高校无论是从站在"培养什么样的人"的国家战略高度，还是从"怎样培养人"的具体行为，以及从学校自身的可持续发展来看，专业化的辅导员队伍建设都发挥着不可替代的重要作用。常言道，只有大楼而没有大师，则不是真正意义上的大学。进而言之，若只有大师而没有专业化辅导员在内的德育队伍，也不能称为完整意义上的大学。尽管专业化辅导员队伍建设状况，与各类的"大学排行榜"没有直接关系，但现实情况告诉我们，在高等教育从精英教育转入到大众教育的大背景下，如果轻视了这支队伍的建设，就等于轻视人才培养的质量，就是在虚掷教育发展目标。编制问题、资源的问题，从根本上说，就是观念问题。学校只有将这支队伍看作是建设与发展的动力、是教师队伍和行政管理干部队伍的重要补充，在待遇、职称、发展等方面进行统筹规划，从推动学校建设与发展的高度认识专业化辅导员队伍建设，才能从根本上促进学校事业的发展，才能真正把"培养什么样的人"和"怎样培养人"落到实处，才能从整体上实现高校育人的功能。

1. 明确辅导员角色定位

我国高校辅导员制度始于新中国成立初期的学生政治辅导员，此后名称虽有变动，但"专职政工干部"的性质和角色定位始终未变。在市场经济快速发展，高等教育改革不断深入的新形势下，重新明确辅导员的角色定位、岗位职责，对于改变因职责变化等因素引起的辅导员队伍得不到正确、公正的评价等问题，对于辅导员队伍的健康、稳定发展将起到积极的促进作用。教育部《关于加强高等学校辅导员班主任队伍建设的意见》对于新时期辅导员进行了重新定位，明确了辅导员、班主任是高等学校教师队伍的重要组成部分，是高等学校从事德育工作、开展大学生思想教育的骨干力量，是大学生健康成长的指导者、引路人和全面成才的服务者，同时也是学生学习科研的辅导者，是对学生进行自我教育、自我管理、自我服务等方面科学管理的实施者。对辅导员角色的明确定位，改变了过去认为辅导员是除了教学工作以外，工作范围无所不及、无所不能的全能岗的偏激观点，从而使辅导员工作在职能上由"被动防御，管理至上"转向"主动引导，服务至上"，提升了辅导员的职业归属感和工作绩效。

2. 明确辅导员队伍建设目标

在新的历史时期，明确辅导员队伍建设的目标，是加强辅导员队伍建设、确保辅导员队伍稳定发展的关键。辅导员队伍建设目标应从师生配比数量目标、专业结构目标和辅导员素质目标三个层面进行战略规划和设计，最终建设一支热爱并适合做学生思想教育工作，具备教育人、引导人、发展人、服务人的能力和水平，政治强、业务精、纪律严、作风正、德才兼备、乐于奉献的职业化、专家化、专业化的辅导员队伍。

3. 明确辅导员的双重身份

建立和完善确保辅导员队伍自身建设和发展的相关制度，为辅导员畅通多种职业选择的渠道，是构建辅导员队伍长效机制的核心。将辅导员界定为教师和干部双重身份，规定其岗位和职务、津贴等不应低于同条件的教师和管理干部，专业技术职务评聘按照教师系列进行，职务晋升按副科级、正科级辅导员干部系列进行，将有利于辅导员转岗或走向学校管理干部岗位。

4. 明确辅导员的配备和结构优化

教育部明确规定高校应按照不少于学生总数的 200：1 的比例配备辅导员，并坚持专兼职相结合的原则，其中专职辅导员按每年级一人以上配备，主要负责大学生思想教育、日常管理等方面的工作，同时还可以兼任学生党支部书记，院系分团委书记等职。兼职辅导员主要由退休返聘的教师、在职教师和管理干部、在读研究生干部等组成，协助专职辅导员开展一些事务性和管理性较强的具体工作，有条件的也可以开展针对性强的学生思想教育工作。从辅导员队伍建设向专业化、职业化方向的发展需求角度考虑，高校应在确保拥有学科专业背景的辅导员占较高比例的同时，适当调整辅导员队伍的年龄结构和学历层次，适当保证思想教育类、管理类、艺术类、心理学、法律等专业的辅导员比例，增强辅导员队伍的综合业务能力。

（二）培养模式

按照"高进，明责，严管，优出"的原则，结合辅导员队伍培养发展目标，"严选留，重培养，畅出口"的培养模式是提升辅导员队伍整体素质的关键，也是避免人才短期效应，使辅导员队伍能够科学化、专业化进行自身建设和开展工作，不断提升工作能力和水平的有效举措。

严选留：当前，高校大学生最希望辅导员给予的帮助，依次为学业辅导、心理辅导、学习指导等，而相当大比例的辅导员在教育学、心理学、政治学等领域的知识结构和能力结构存在着明显的缺陷，难以满足学生的需求，因此，提升辅导员职业门槛，严格选聘程序，高标准引进人才势在必行。积极实践和探索从全国重点高等学校硕士毕业生中选拔专职辅导员，或从本校优秀本科毕业生中免试推荐研究生保留学籍担任辅导员制度，坚持多渠道引进人才，并不断优化队伍结构，形成既继承本校学生教育管理优良传统、又融汇其他高校的管理育人理念的工作格局。同时，建立高标准的职业准入标准和岗位准入条件，注重辅导员的科学判断形势、准确把握方向的能力、组织管理能力、群众工作能力、预防应对和处理突发事件的能力以及语言文字表达能力。

重培养：建立专业化、科学化的辅导员学习、培训、提高制度，是高等学校当前和今后辅导员队伍建设的一项重要工作。在队伍建设中，要坚持岗前培训和岗位培训相结合、日常培训和专题培训相结合、理论培训和实践培训相结合，着重抓好先培训后上岗、边工作边培训、工作交流研讨和外出调研、提高学历层次四个环节。通过这些举措，基本保证辅导员每年有30学时以上的集中理论培训时间和两次以上的工作交流调研活动，并通过推荐免试上研究生和鼓励在职取得高一级学位等鼓励性政策，使专职辅导员的学历层次大幅度提高，以满足学生管理工作对辅导员专业素质的要求。

畅出口：辅导员职业发展规划是辅导员队伍建设构建长效机制的重要内容，畅通专职辅导员的发展出路是消除辅导员后顾之忧的根本，是吸引和留住人才的重要保障。要建立、完善辅导员职业化、专业化的相关制度，认真实施辅导员职业发展规划，重点帮助辅导员确立自己的职业发展目标，开展专业化培训，推进辅导员职业化建设。畅通辅导员与各级教师职务聘任的通道，积极搭建激励专职辅导员专业化发展的平台，有计划性地鼓励和支持专职辅导员在职攻读高一级学位，使辅导员队伍逐步走向专家化、职业化。坚持从辅导员中培养和选拔学校管理干部制度，把辅导员队伍作为党政后备干部培养和选拔的重要来源。

（三）评价体系及激励机制

科学的绩效评价体系不仅仅是对辅导员工作的比较、评价与认定，更是对辅导员行为过程控制和工作成效的激励，健全监督考评制度是促进辅导员队伍不断提高自身素质、发挥工作主动性和创造性、加强和改进工作方法的有效途径。

科学、公正的考核体系是提升辅导员工作绩效的有效动力。科学公正的考核体系主要由辅导员的基本素质、工作作风、工作方法、教育效果等四个方面组成。考核体系应采取量化的考评办法，其中要特别关注学生的评价，保证学生抽样评价占有一定比重。抽样方式必须随机和有一定的覆盖面，学院和学校考评应侧重工作思路、创新点、工作显著业绩和深入细致的基础性工作等。考核结果可分优秀、良好、称职、不称职试用和不称职淘汰五个等级，形成一定的退出机制。

以人为本，努力营造"尊重劳动，尊重知识，尊重创造，尊重人才"的和谐氛围，已经成为高校的一个主要特点。在辅导员队伍建设上，同样要以人为本，建立合理、科学的考评制度，采取师生公认、注重工作实绩作为辅导员考核的一个基本原则，同时兼顾客观、公开、实事求是，坚持现实性与定量结合，年度考核与平时考核结合以及公开透明的原则，从而对辅导员的评价有合理科学的根据和依据，在落实待遇、晋升等方面做到有章可循，有规可依。

实践证明，辅导员考核有力促进了学生工作的开展。考核体系使辅导员找准了定位，发现了不足，促进了自身素质的不断提高，更调动了他们工作的主动性和创造性，激发了他们加强和改进工作方法的热情，起到了对辅导员行为过程的控制作用和对工作成效的激励作用。同时，考核成绩为学生工作管理者的决策提供了有力的支持，可以帮助学生工作管理者通过对辅导员考核结果的统计分析，建立符合辅导员队伍特点的干部素质模型。当然，对辅导员的考核评价标准仅有定量的描述是不够全面的，应增加数据研究和绩效分析说明考核项目，从而进一步推动辅导员工作经验的传承和教训的总结。

科学的激励机制是辅导员队伍素质提高的有力保障。辅导员考核体系既是激励机制，又是退出机制。高等学校应积极建立健全相关正激励机制，将其体现于辅导员职务晋升、先进评选、奖金获得、业绩津贴发放等与辅导员工作密切相关的各个领域。在此基础上严格考核程序，考核不合格的辅导员要直接淘汰，考核为优秀和良好的辅导员可以得到荣誉激励、晋升激励和机会激励等各种激励。西北工业大学就规定，对考核为优秀和良好的辅导员，工作两年以上可以晋升副科级辅导员，担任副科级辅导员的，工作两年以上可以晋升正科级辅导员，考核优秀的辅导员可以参评优秀学生工作干部，同时根据考核成绩的高低获不同等级的奖金，并按考核等级发放辅导员特殊补贴。对考评为不称职试用的辅导员，试用期1年，1年后考核仍为不称职的按不称职淘汰处理。这些制度的建立，有效地保障了辅导员队伍整体素质的提高，有力地推动了辅导员队伍的发展。

与此同时，还要不断完善各项激励制度：一是关心辅导员，使之有物质基础，至少使辅导员的待遇不低于同级的行政管理人员或同条件的教师。二是关心辅导员，使之有精神动力，可考虑单独设立辅导员职称的评聘系列，保证辅导员在学生各级评奖评优的比例，甚至可以考虑设立辅导员工作创新基金，对于勤奋工作，而且确有创新举措的辅导员进行奖励。三是关心辅导员，使之发展有奔头，重视辅导员队伍建设的中长期规划，把辅导员队伍建设列入学校师资队伍、管理队伍等建设的同等地位，有计划地分批组织优秀辅导员出国进行考察取经，开阔视野，切实提高辅导员的政治待遇。四是采取"专、转、提"的具体措施，优化辅导员的发展渠道。"专"是建设一支专业化的队伍；"转"是对愿意从事教学科研岗位的推荐其进行进修和转岗；"提"是对品德、能力和业绩突出的辅导员优先选拔到党政管理岗位。只有创建合理科学的考评和完善"激励"制度，才可切实解决辅导员出路。

（四）从优化辅导员队伍整体结构和提升其自身素质的角度构建专业化辅导员队伍

我国高校长期的思想教育实践告诉我们，要想实现发展者的发展，就必须首先加强建设者自身建设，即应按照学生成长的发展规律和思想教育的规律，针对当前的社会环境和教育环境的不断变化，构建一支政治强、业务精、纪律严、作风正的辅导员队伍。只有这样，才能切实提高高校思想教育工作的实效性和针对性，才能提高辅导员队伍的自身素质，才能奠定辅导员队伍可持续发展的坚实基础。

1. 重视辅导员队伍的思想建设

辅导员队伍的思想建设的好坏是关系到能否做好学生工作的一个重要方面。目前有部分高校对辅导员工作并不完全重视，导致辅导员工作积极性降低、工作效率变差。也有很多高校在这方面做得很好，如西南交通大学，其学生处及院系的党政领导一直高度重视辅导员队伍的思想建设，经常通过座谈或个别谈心等方式与辅导员进行交流，及时了解和解决辅导员思想上存在的困惑，不断提高辅导员的思想政治素质，使他们坚定西南交通大学"以人为本，学生第一"的工作理念。

2. 在队伍的知识结构和发展背景上，形成功能互补

目前，学校的专职辅导员主要来自两种群体：一是具有经济、管理、心理、法律等硕士学位的中共党员，他们大多数来自校外著名高校，都是学生骨干，对学生工作有着比较好的认可度；二是作为优秀学生干部获得推荐免试攻读研究生资格的本校毕业生，他们在本科学习阶段同样也是学生组织中的骨干，对学校和学生的特点比较熟悉，有着一定的学生工作经验积累。这两个群体在专职辅导员队伍建设上的兼容并蓄，既有助于多种校园文化的互相借鉴，优势互补，形成创新性的育人环境，也有助于辅导员队伍的自身建设，形成合理的发展结构。

3. 在明确职责的基础上，健全工作机制，提高专业素质，打造一支学习型的队伍

（1）明确工作职责，健全工作机制是实施绩效管理的一个重要环节，也是对辅导员进行评价的前提和基础。一是坚持岗前培训与定期培训相结合，有针对性地开展心理学、教育学、思想教育工作方法等分门别类的培训，提高辅导员的工作技能，深化辅导员的责任意识和角色意识；二是围绕着辅导员的中心工作的具体内容，建章立制，使工作形成体系；三是要加强组织领导，定期进行专题研讨，加强队伍内的交流和沟通，查找存在的问题，对辅导员工作中的偏差和错误进行纠正，甚至可以就具体的案例进行分析，同时对优秀的做法进行推广，切实提高辅导员的工作能力和职业素养。

（2）完善管理制度，以制度建设为载体推动辅导员队伍建设。为了更好地使辅导员明确自身的责任和肩上的重担，在工作中以身作则，各高校可在工作实践中加强制度化建设，建立相关管理制度并加以规范和完善，以严格的制度管理辅导员的日常工作。西南交通大学及各院系均建立了辅导员工作条例、辅导员考核细则、工作例会制度、辅导员谈心制度等等，通过一系列的制度建设，强化辅导员工作的主动性、自觉性、深入性和有效性，保证学生工作整体平稳高效开展。

（3）要提高专业素质，打造一支战斗力强的高素质队伍，势必要求每位辅导员提高自身的素养。高校应通过多种方式提升辅导员的理论水平和实际工作能力，努力打造一支学习型的队伍。

首先，加强思想教育，积极落实"磐石计划"。西南交通大学一直积极落实"磐石计划"，通过学生处主办的辅导员选学培训课、定期的业务学习不断增强辅导员的工作能力，提倡互相学习、交流工作经验和心得，同时将课堂上的新观点好方法结合各院系实际进行运用。其他高校及辅导员可借鉴学习。

其次，鼓励辅导员开展课题研究。在传统思维中，高校辅导员都是凭人格和经验开展工作，不需要多高的理论水平。这种思想不仅不再适应高校新的教育形式，而且在现实中还阻碍了辅导员队伍整体素质的提升以及探索新方法、解决新问题能力的提高。各高校应积极组织、支持和鼓励辅导员开展课题研究，各高校学生处以及其他各部处可提供相关课题研究项目供辅导员选报，这样做极大地调动了辅导员开展理论学习、进行课题研究的主动性和积极性，提高了辅导员的理论修养和工作能力。辅导员通过自我学习不断提升自身综合素质和能力，不仅能更好地胜任工作，还可以不断挖掘自身潜力，成为全方位发展的人才。

第三，加强业务知识的学习。辅导员工作岗位本身也是一个大课堂，带着问题去学习、在学习中摸索方法，这样的实战演练开阔了辅导员的视野，提高了认识，提升了解决问题的能力。各高校应该鼓励每一位辅导员在工作中多思考，提高自身管理水平和综合素质，并进行学术研讨，探索、研究学生管理工作的理论方法。以西南交通大学信息科学与技术学院为例，学院每学期均召开学生工作研讨会，互相交流工作心得和经验，并对学院学生工作的重点和难点问题进行深入研讨，提高辅导员的自身素质和管理水平。

最后，加强专业知识的学习。加强辅导员专业知识的学习和培训是非常重要的，高校要鼓励辅导员进行专业知识的学习和培训，主要的培训方式有岗前培训、上岗培训、在职进修、参加同等学力研究生课程班或攻读硕、博士学位，参加学校组织的学习培训活动等。这样使辅导员队伍的整体素质、学识水平都较以前有了较大幅度提高，也更有利于加强和改进大学生思想教育工作的需要。

4. 加强辅导员团队素质和创新意识的培养工作

良好的团队意识对辅导员队伍更好地开展工作有着极为重要的作用，只有形成和谐、友爱、互助、团结的良好工作氛围，才能调动各位辅导员的工作积极性，使他们在工作分工明确的基础上通力合作，更好地发挥辅导员队伍的潜能。各高校院系可以通过开展简单有趣的联谊和体育竞赛增强辅导员队伍的凝聚力和协调性。辅导员在工作开展的过程中也要做到与时俱进，创新机制，注重自身创新意识的培养，在实际工作中提高自身的工作能力和战斗力，这对推进学生工作有重要的意义。

加强现代高校辅导员队伍建设，打造一支富有战斗力的工作团队一直是全国各高校工作的目标。各高校这些年的实践表明，这些措施为辅导员队伍建设打开了整体上升的通道，不断提高了辅导员的思想政治素质等多方面的能力，同时也铸就了一支朝气蓬勃、团结向上、勇于创新、甘于奉献的辅导员队伍，对加强和改进高校大学生思想教育工作发挥了积极作用。让我们继续努力，把高校辅导员队伍建设成为教育与管理、教书与育人、培养与考核三者的有机结合的高质量高水平的队伍。

第二章　高校辅导员工作内容

辅导员接受学生处和本学院（系）的双重管理。辅导员要紧紧围绕学校的中心工作，在本学院党委（系党总支）的直接领导下，协助分管学生工作的书记做好本学院（系）的学生思想教育和管理工作，提出学生工作的计划、意见和建议。辅导员的工作内容一方面要做好学生思想教育、学生发展指导、学生事务管理和为学生服务等工作，另一方面要不断加强自身素质修养，加强学习、提升自我、开拓创新。前者是辅导员的本职工作，后者是辅导员做好前者工作的专业基础和持续保证。应坚持以思想教育为工作核心，寓教育于引导之中。以学生发展指导为工作主体，寓指导于辅导之中；以学生事务管理为工作基础，寓管理于服务之中；以服务学生为工作理念，寓服务于教育之中。

第一节　新时代下学生思想政治教育

思想教育是辅导员工作的首要任务。要以理想信念教育为核心，以爱国主义教育为重点，以基本道德规范为基础，以大学生全面发展为目标，加强理论教育、方向教育、规范教育和心理教育；党的路线、方针、政策，爱国主义，世界观、人生观、价值观等理想信念、思想品德，校风、班风、学风，心理健康等教育。思想教育的基本要求是观点要科学正确，选材要有针对性，方法途径要做到多样性和趣味性，还要注意到经常性和反复性；要为学生讲授形势与政策课，组织开展多种形式的主题教育活动，坚持与学生谈话制度，深入了解学生的思想状况，有针对性地开展日常思想教育工作和品德行为引导工作。

党的十九大报告指出："要全面贯彻党的教育方针，落实立德树人根本任务，发展素质教育，推进教育公平，培养德智体美全面发展的社会主义建设者和接班人。"这是新时代赋予高校思想政治教育的重要使命。要深入理解立德树人的深刻蕴涵，坚守中国特色社会主义大学的立身之本。新时代坚持立德树人，就要坚持社会主义办学方向，坚持以马克思主义为指导，全面贯彻落实党的教育方针，切实加强和改进高校思想政治工作，帮助师生掌握科学的世界观和方法论，提高运用马克思主义的立场观点和方法认识和改造世界的能力，为完成人才培养、科学研究、社会服务、文化传承创新、国际交流合作重要职责努力奋斗。要坚守立德树人的根本价值取向，提升学生的思想政治素质。引导学生正确认识世界和中国发展大势、中国特色和国际比较、时代责任和历史使命，增强在复杂的国际国内环境中辨明方向、看清趋势、把握未来的能力，自觉将个人的理想追求融入国家和民族的事业中，把远大抱负落实到实际行动中，勇做走在时代前列的奋进者、开拓者。要把握立德树人的关键环节，大力加强师资队伍建设。健全教师政治理论学习制度，引导教师增强对中国特色社会主义的思想认同、理论认同和情感认同；加强师德师风建设，培养造就有理想信念、有道德情操、有扎实学识、有仁爱之心的好老师队伍，确保立德树人根本任务落到实处。

一、以理想信念教育为核心

帮助学生树立正确的世界观、人生观、价值观，确立在中国共产党领导下走中国特色社会主义道路、实现中华民族伟大复兴的共同理想和坚定信念。

（一）理想信念是思想政治素质的灵魂，是树立正确的世界观、人生观、价值观的基石

对学生进行理想信念教育，就是要解决如何认识国家走什么道路和自身的社会责任问题。第一，坚定马克思主义信仰的教育，明确举什么旗帜和走什么道路，掌握指导中国特色社会主义的科学理论即马克思主义及由此产生的中国化的马克思主义——毛泽东思想、邓小平理论、"三个代表"重要思想、科学发展观和习近平新时代中国特色社会主义思想；第二，坚定社会主义信念教育，认识走中国特色社会主义道路是历史和人民的唯一选择；第三，增强对改革开放和现代化建设信心的教育，树立在中国特色社会主义道路上战胜困难、开拓创新的雄心壮志；第四，增强对党和政府信任的教育，坚持和拥护中国共产党在中国特色社会主义道路上的领导地位。

（二）大学生肩负着在中国特色社会主义道路上继往开来的历史使命，教育引导学生成为中国特色社会主义事业的继承者、实践者和开拓者是理想信念教育的立足点

第一，引导大学生把中国特色社会主义道路的伟大成就与自身成长结合起来，从受益者的角度深刻体会改革开放的成就给自己的学习、生活创造的良好条件；第二，引导大学生把理想信念教育与学习结合起来，珍惜大学期间的学习时间和学习环境，掌握科学理论，认识社会发展规律，积极参加社会实践，培育开拓创新精神，掌握好建设祖国的基本知识和技能；第三，积极引导学生不断追求更高的目标，使他们中的先进分子树立共产主义的远大理想，确立马克思主义的坚定信念，逐步成为坚定的马克思主义者。

二、以爱国主义教育为重点

以爱国主义教育为重点深入进行弘扬和培育民族精神教育，确立国家、民族意识和发扬民族精神，在大学生中形成民族精神和时代精神相结合的精神状态。

（一）弘扬和培育民族精神

弘扬和培育民族精神教育的根本目的是建立实现中华民族伟大复兴的精神动力，即以爱国主义为核心的团结统一、爱好和平、勤劳勇敢、自强不息的伟大民族精神是构建中华民族先进文化的重要内容，是推动社会全面进步的思想保证、精神动力和智力支持，是凝聚人心、继往开来的重要途径。

（二）确立国家、民族意识

确立国家、民族意识，在爱国主义的旗帜下最大限度地凝聚大学生的热情和力量，即树立民族自尊心、自信心和自豪感，维护和体现国家、民族利益；爱国与爱社会主义是一致的，为中国特色社会主义事业努力学习、建功立业、奉献才干，做中国特色社会主义事业的实践者，正是大学生爱国主义精神的真正体现。

（三）发扬时代精神

激励大学生汲取和发扬以改革创新为核心的时代精神，时代精神是一个民族在最新的创造性实践中激发出来的、反映社会进步的发展方向、引领时代进步潮流、为社会成员普遍认同和接受的思想观念、价值取向、道德规范和行为方式，是一个社会最新精神气质、精神风貌和社会时尚的综合体现。新的时代精神，如竞争、效率、民主、法治、公平、宽容等意识不断融入民族精神之中。当今我国时代精神的核心是改革创新，改革创新是邓小平理论、"三个代表"重要思想、科学发展观和习近平新时代中国特色社会主义思想的鲜明特点，是当代的最强音；以人为本、坚持科学发展观也是时代精神的主旋律。要把民族精神教育与以改革开放为核心的时代精神教育结合起来，坚持高扬主旋律，利用各种形式、开展各种活动，营造振奋人心、凝聚人心的校园文化，激发大学生的爱国情、报国志。

三、以基本道德规范为基础

以基本道德规范为基础深入进行公民道德教育，在知行统一的过程中形成良好的道德品质和文明行为。

（一）基本道德规范是造就"四有"新人的重要准则和导向

《公民道德建设实施纲要》明确提出了我国公民应当遵守的基本道德规范为"爱国守

法、明礼诚信、团结友善、勤俭自强、敬业奉献"，大学生更要成为公民道德基本规范的弘扬者和率先实践者。

"爱国守法"主要是规范公民与国家的关系。"爱国"就是对祖国的忠诚与热爱，确立中华民族的意识和国家利益至上的观念，了解中国的历史与现状，爱党爱国爱人民，自觉维护祖国的独立、统一、尊严和利益，为祖国的繁荣昌盛而努力学习与奋斗。"守法"是爱国的延伸，即遵守国家的法律法规和各项规章制度，这不仅是法律要求，也是公民对国家道德责任的底线，大学生更要带头学法、懂法、用法、守法。辅导员一方面要教育学生学习和遵守各项准则、规范等校纪校规，养成遵纪守法的良好习惯，另一方面也要教育学生自觉抵制校园内外的一切不良风气，尤其是学习过程中出现的抄袭、作弊等现象，洁身自好，从自己做起，从小事做起。

"明礼诚信"主要是规范公共生活中的公共道德行为。"明礼"就是懂"礼仪"和"礼让"，重礼节、讲礼貌、讲文明；辅导员对学生进行必要的文明礼貌教育，既能帮助他们懂得在公共场合的言谈举止等社交礼仪应当遵守的最基本的道德准则，又能提高他们的社交能力和对环境的适应能力。"诚信"就是诚实、诚恳、信用、信誉、信任，以诚待人、以诚取信于人，是对"明礼"规范的升华和深化；"诚信"是规范和完善市场经济的前提条件，要教育学生成为守信用、重良知的人。

"团结友善"主要是规范公民与公民之间的道德关系，强调公民之间的亲和力。"团结"是指为实现共同理想、完成共同目标而使人们在认识、情感、意志、行为等方面达到和谐统一的过程和状态，团结就是力量；"友善"即友好、友谊、友情、善良，与人为善，是人们更好地融入社会的前提。当代大学生自我意识强，在与人相处中强调个性，好胜心强，大学生之间的竞争也非常激烈，这就使得大学生在交往中更要增强团队意识和合作精神。所以辅导员要教育学生懂得尊重他人，要学习与人相处的技巧，才能加强同学之间的亲善关系，增加与人相处的亲和力。

"勤俭自强"主要是对公民个人提出来的道德要求。"勤俭"要求公民具有勤劳、勤奋、和俭朴、节俭的良好品质；"自强"要求公民具备努力、自尊、自励、自主、奋斗不息、不屈不挠、顽强拼搏的精神。当代大学生多是独生子女，家庭条件好，依赖性和个人意识较强，在学校要培养学生的自立意识，鼓励学生参加勤工助学和社会实践，体验生活的艰辛，并在此基础上培养"勤俭自强"的道德素质。

"敬业奉献"主要是规范公民与职业的道德关系。"敬业"是一种对自己的事业和工作孜孜不倦地追求和热爱的精神状态，要求人们在职业生活中有较强的责任心，忠于职守，爱惜职业荣誉，钻研业务，精益求精，恪守职业道德，尽职尽责；"奉献"的基本内容是克己奉公，服务社会，助人为乐，造福于国家、社会和他人，奉献是人生价值和目的所在。在校大学生的"敬业奉献"就是努力学习，通过学习了解社会、了解他人、了解自己，审视自己的信仰和价值观，成为符合时代精神的成功之人，并引申出大学生对待他人、对待社会的道德责任。辅导员要组织学生开展义工、青年志愿者服务等活动，让学生在奉献过程中进行自我教育,培养学生的社会责任感。

(二)以为人民服务和集体主义统领大学生道德教育和道德实践

为人民服务是社会主义道德建设的核心,是社会主义道德区别和优越于其他社会形态道德的显著标志,它不仅是对共产党员和领导干部的要求,也是对广大群众的要求。从大学生的现实思想觉悟和实际道德水平出发,深化对为人民服务思想的认识,探讨为人民服务的实现形式,教育引导学生正确处理个人与社会、竞争与协作、先富与共富、经济效益与社会效益等方面的关系,提倡尊重人、理解人、关心人,为人民和社会多做好事,追求更高的道德目标,反对拜金主义、享乐主义和极端个人主义,反对小团体主义、本位主义和损公肥私、损人利己。

集体主义是社会主义道德建设的原则,强调集体和个人的协调发展。教育引导学生正确认识和处理国家、集体、个人的利益关系,提倡个人利益服从集体利益、局部利益服从整体利益、当前利益服从长远利益,把个人的理想与奋斗融入广大人民群众的共同理想和奋斗之中,在对社会奉献中体现自己的价值。

(三)诚实守信教育能为大学生奠定立足现代社会的道德基石

诚实守信是大学生道德教育的重点,也是当代大学生全面提高自身素质的基本要求。诚实守信是为人处世的一种美德,是为人处世的基本准则,是社会主义道德建设的重点,是社会主义市场经济的要求与原则。中华民族在长期的社会实践中,形成了重承诺、守信用的道德传统,讲诚信也是现代文明的标志和社会进步不可或缺的无形资本,市场经济愈发达,愈要求诚实守信。就学生个人而言,诚实守信是一个人思想道德素质最核心的外在表现,它将伴随人的一生,使之终身受益。开展诚实守信教育,是大学生成长成才、置身社会的基本保障。大学生应该带头做一个诚信的人,以诚待人,以德立身,努力学习和培养诚实守信的优良品质,达到自律和他律的统一,从身边的事做起,从具体的事做起,做到忠诚老实,实事求是,重信誉,守信用,以自己的诚实劳动取信于社会,为全面建设中国特色社会主义做出贡献。

四、以大学生全面发展为目标

深入进行素质教育,提高学生综合素质,培养社会主义新人。大学生综合素质包括思想道德素质、科学文化素质和身体健康素质等几个方面。①思想道德素质包括思想素质、政治素质和道德素质。思想素质指世界观、人生观、价值观等;政治素质指理想信念、政治觉悟、民主与法治意识等;道德素质指道德认识、道德情操、道德品质等。②科学文化素质包括科学素质和文化素质。科学素质指科学知识、科学思想、科学方法和科学精神等;文化素质指文化知识、文化素养和社会文化生活能力等。③身体健康素质包括身体素质和心理素质等。心理素质指认知素质、情感素质和人格素质。要加强对学生的心理健康教育与指导，帮助学生养成良好的道德品质，经常开展谈心活动，引导学生养成良好的心理品质和自尊、自爱、自律、自强的优良品格，增强学生克服困难、经受考验、承受挫折的能力，有针对性地帮助学生处理好学习成才、择业交友、健康生活等方面的具体问题，提高思想认识和精神境界；讲授心理健康教育课程，举办普及性讲座，开展个别咨询与团体辅导活动，及时发现并协助有关部门处理由于学生心理疾患而导致的各种问题，努力防止因心理问题而引发恶性事件。

大学生综合素质的几个方面相互依存、相互渗透，具有密切的内在联系。当代大学生的成长成才、全面发展就是这几个方面的整体提高，哪一方面都不可或缺，都要得到发展。有知识，没有品德不行；有奉献精神，没有能力不行；有知识有品德，没有健康不行。俗话说：有德有才是正品，有德无才是次品，无德有才是危险品，无德无才是废品。这较为形象地表述了德与才或综合素质几个方面的关系。素质教育面向全体学生，以人为本，把满足人的发展需要、提高人的素质、促进人的全面发展作为根本出发点和落脚点。要积极开展和研究有利于大学生全面发展的素质教育，引导学生勤于学习、善于创造、甘于奉献，达到顺应时代发展要求和实现自身价值追求的思想道德素质、科学文化素质和身体健康素质协调发展，成为有理想、有道德、有文化、有纪律的德智体美全面发展的社会主义事业建设者和接班人。

五、认真做好学生日常思想教育

作为大学生日常思想教育的基层指挥员，辅导员要充分发挥政治优势和组织优势，统筹班主任等各方力量以形成强大合力，突出学生的主体地位，把大学生动员起来、组织起来，共同开展日常思想教育工作；了解和掌握学生思想政治状况，针对学生关心的热点、焦点问题，及时进行教育和引导，化解矛盾冲突，参与处理有关突发事件，维护好校园安全和稳定。

（一）立场坚定，旗帜鲜明

辅导员必须正确把握思想教育的方向，在政治上要与党中央保持高度一致，在大是大非上要立场坚定，旗帜鲜明。通过形势政策课、主题班会、观看录像等适当的教育方式，把党的重要方针、政策、路线等传授给学生，使学生认同党的事业并为之奋斗。开展形势政策教育要突出重点，让大学生真正以马克思主义的立场、观点和方法，分析国际国内形势，提高思想觉悟和政策水平。分析国际上发生的一些事件，分析我国社会发展中的热点问题，要有坚定正确的政治立场，引导学生坚持有利于国家、民族长远和整体利益的原则，要站在大多数人民群众利益的立场上去观察问题和认识问题，进而采取正确的态度去分析国际国内形势，处理社会主义现代化建设过程中所出现的一些矛盾和问题；引导大学生运用辩证唯物主义和历史唯物主义的观点去观察、认识、分析国内外发生的任何事件，用联系、发展、辩证的观点和实事求是的科学态度分析问题。形势政策教育要善于及时、敏锐地抓住学生敏感、关心的大事和"热点"问题，掌握时机，及时安排，准确把握学生的思想动态，把问题解决在萌芽状态，发挥形势政策教育应有的效果。

（二）以人为本，学生第一，突出学生的主体性

教育要以育人为本，学生是思想教育的主体，要充分认识学生在思想教育中的主体地位，充分发挥学生在思想教育中的主体作用。学生日常思想教育要突出学生的主体地位和主体作用，以人为本，贴近学生、了解学生、尊重学生、相信学生、关爱学生，注重发挥学生的潜能，调动学生内在的积极性和主动性，在一种民主、平等、合作、和谐的氛围中，引导学生进行自我教育。辅导员领导学生和组织学生开展教育活动，要充分依靠学生，注重发挥学生党支部、团支部、班委会等学生基层组织的政治优势和组织优势，充分调动和发挥每一位学生干部和学生的主动性和积极性，激发学生自我教育、自我管理的热情，要和自己的学生打成一片、融为一体，要在教育过程中发挥自己的组织、协调和指导作用，要让学生在教育过程中唱主角、当主体。

（三）开展谈心活动

要教育学生必先了解学生，了解他们的知识结构、思想水平；了解他们的思维方式，思维习惯；了解他们的人生观、价值观、世界观的形成状况及取向；了解他们的困惑及在学习生活中的困难；了解他们的个性、爱好、兴趣等。为此，辅导员要通过个别谈心、座谈、参加学生活动、阅读学生的心得体会等多种方式，深入课堂、深入宿舍、深入学生，用心去体察、感受他们的需要、渴求，了解他们的心理、思想及学生活动状况，发现他们的特长和缺点，长善救失，引导学生把自身的积极因素生长、放大，以克服自身的消极因素。

思想教育能否取得实际效果，很重要的一点就是针对不同的人和不同的思想问题，因人施教。大学生由于家庭背景、地域差异、生活条件的不同，在学习生活中会遇到这样那样的问题，个性差异也会非常明显。在这种情况下，就要特别重视坚持"一把钥匙开一把锁"的原则，针对具体学生、具体问题开展深入细致的思想教育工作。这就要求辅导员深入学生，通过谈心，了解学生，关心学生，帮助学生解决问题。开展深入细致的思想教育工作，广泛进行谈心活动是一种有效的方式，谈心既是摸清情况，主动熟悉和掌握大学生的思想和心理特征，对每个学生的情况了如指掌，工作起来有的放矢，及时有效；谈心也是交心，更是教育，"感人心者，莫先乎情"，做到既有情感中的教育，更有教育中的情感。要带着感情去教育引导学生，要关爱学生、信任学生，做学生的良师益友，对学生倾注满腔热情，把他们当作自己的亲人来看待，全心全意地为学生服务，真心实意地热爱和关心每一个学生，仔细聆听他们的心声，耐心地为他们进行开导，做一名倾听者和解惑者。设身处地为学生着想，把爱洒向每一个学生的心田，用爱心感化学生，以情感人，培养学

生自立能力和自强意识，会给学生以可亲可敬之感，也会对学生产生示范作用，学生才会更好地理解、支持、配合辅导员的工作。贴近学生、了解学生、尊重学生，才能提高思想政治工作的针对性、亲和力和吸引力。要乐于与学生打交道，乐于帮助学生解决发展中遇到的各种问题，找出原因、树立信心、促进发展，要想方设法解决学生的实际困难，成为学生可以信赖的知心朋友。

第二节　学生事务管理

这是高校辅导员工作的基本任务。学生发展指导和学生事务管理是思想教育的保障，要坚持教育与管理相结合，做到爱与严、自律与他律、激励与约束的统一，有效地引导学生的思想和行为。

一、班级建设工作

建立学生班级管理档案，指导学生班委会建设，做好学生干部的选拔、培养、考核工作，激发学生的积极性、主动性，指导学生班级开展丰富多彩的活动，营造积极向上、宽松和谐的氛围。

（一）优良班风建设

学生班级是学校工作的最基层，是学生成长的摇篮。"以人为镜，可明得失。"一个人要充分认识自我，必须以他人的态度为参照。只有在集体之中才能认识自我，发现自己的优点和不足，进而才可扬长避短，向他人学习，在集体中成长。建设良好的班集体，学生可通过环境的影响，学会正确认识自己；在同学间的交往中，取长补短，你追我赶；在团结友好的气氛中，学生的智力活动可达到最佳状态；在参与集体活动中，体验到社会责任感及为他人做贡献的乐趣。只有把个人融于集体，才能培养出为祖国建设拼搏进取的积极的生活态度，这是大学生今后不断进取、勇于开拓的动力源。班级建设既是学生工作的基础，也是学生成长成才的摇篮，辅导员要指导学生班级开展丰富多彩的活动，营造积极向上、宽松和谐的氛围，形成优良的班风。

1. *形成班集体的领导核心*

建立健全班委会和团支部等组织机构，推选一批优秀的班干部，形成以班长和团支书为核心的组织权威。培养引导他们成为辅导员的得力助手，成为师生联系的桥梁和纽带，成为班级工作的决策者和具体实施者。学生班集体是学生学习和生活的基本单位，学生个人的成长离不开班集体，加强班集体建设的关键是要发挥好班委和团支委的作用，尤其是要选好班长和团支部书记。

2. 有班集体共同奋斗的目标

确立班级共同目标和大多数同学能够逐一达到的具体目标有助于全班同学统一行动、自觉行动、控制偏差；有助于提高个人成就感，使之不断进取；有助于凝聚力量并提高工作效能。

3. 制度导向，纪律严明

建立健全班级制度，如班会制度、活动制度、考勤制度、文明宿舍制度、奖惩制度等等，这是班集体健康发展的基础。制度和纪律具有严格的导向性，它对自觉者具有促进作用，对不自觉者有约束作用。严格的纪律是维护正常学习生活秩序、形成良好班风、实现班集体目标的保证。

4. 形成团结友爱的风气

通过丰富多彩的活动和多种形式的思想沟通及情感交流，建立起良好的人际关系。同学之间互相关心、彼此支持，团结合作、和谐相处、携手共荣，使班集体充满团结友爱精神和集体荣誉感，从而有利于培养学生的高尚的道德情操和精神风貌，有利于发展个人爱好和促进身心健康，有利于创造良好的学习环境和增强班集体的凝聚力。

5. 形成积极向上的集体舆论

正确的集体舆论是指有利于维护集体利益、巩固集体团结、促进集体进步的多数人的信念。树正气，抵歪风，它能对每个学生产生一种遵守行为规范的压力，是班集体进步的一种集体控制力量，是班集体成员自我教育的一种重要手段。

以上五方面是良好班集体的主要标志。

（二）学生干部队伍的建设与培养

学生干部队伍是学校人才培养工作的先进群体和基层工作主体，是辅导员做好学生工作的重要依靠力量，是学生自我教育、自我管理、自我服务的组织者和实施者。为此，我们要培养一支"素质高、能力强、能战斗、真奉献"的学生干部队伍，这既是学生工作的需要，也是培养更多优秀人才的需要。

1. 知人善任，积极培训

对学生干部的使用要量才任用，应着眼于各人的长处和优点，用其所长。要求深入了解学生干部的个性特点、优点、缺点、特长与爱好，以便根据各人的特点安排在最能施展他们才能的岗位上。

对学生干部要采用多种形式进行培训。一是在新学年干部改选后进行集中培训，这时的重点是搞好新老交替，帮助组建新班子，可通过交流经验的方式进行，同时应进一步明确各类干部的职责范围，并有针对性地提出希望与要求。二是在每学期初通过召开学生干部大会的形式，学习党的方针政策，分析形势，研究学生共同关心的问题；总结上学期工作，表彰优秀学生干部，并宣传他们的事迹；同时提出本学期的工作要点，做到任务明确，方法清楚。三是在假期安排一部分学生干部参加社会实践活动，利用每年假期组织学生干部学习参观，参加劳动，经受锻炼，使他们广泛接触社会，了解国情、民情，进一步提高他们的思想觉悟和工作能力。

2. 严格要求，加强教育

学生干部虽然是学生中的骨干，是优秀学生的代表，政治素质较好，上进心强，但作为学生工作的一支基础力量，担负着教育人的工作，就有一个自身提高和自我完善的问题，因此，对他们必须严格要求，并加强教育。

要让学生干部明白，干部的职责就是为同学服务，是一种责任和参与，是尽义务和做贡献。从某种意义上说，这是一种付出，要不断教育学生干部牢固树立为同学服务的思想，要有奉献精神。同时还要教育他们在为同学服务的过程中，努力锻炼自己，增强自信心与责任感，不断提高自己的能力和水平，从此角度看，它又是一种获取。首先，当学生干部虽然要占用一定的学习和休息时间，但处理得好，可养成自己惜时如金的良好品德，有助于提高办事效率，加快生活节奏，并有效地调剂和丰富自己的课余生活，有益于转换和休息大脑，促进自己始终以最佳精神状态投入到学习和工作之中。其次，当学生干部虽然辛苦一点，但得到的是广泛的参与和全面锻炼提高自己的好机会。学生干部在工作中广泛地参与各种活动，参与各项学生教育管理工作，可以开阔自己的视野，积累丰富的经验，可以得到组织上更多的关心和培养，得到教师、领导的指点和帮助，可以全面地锻炼和提高自己的各种能力。最后，学校为学生干部提供了广阔的表现舞台来施展自己的技能和本领，学生干部能结识更多的师长和朋友，使自己建立广泛的社会联系，形成很好的人际关系氛围，锻炼自己的社会适应性。学生干部在为同学服务的同时，可得到领导、老师和同学的信任和理解，能建立真诚的友谊，能享受成功时的快乐感和成就感。实现人生的价值，追求生命的辉煌。

当然，学生干部的基本身份仍是学生，学生的首要任务就是学习；干部，是同学们的榜样、领头人。如果学习不好，甚至不如一般同学，如何叫同学心服？如果忽视专业学习，一味热衷于社会工作，那是本末倒置，势必两头俱失。为此，要求学生干部要严于律己，不仅在政治上、思想上、作风上要严格要求自己，在学习上也要认真努力。

3. 热情帮助，大力支持

目前的学生干部大多是从校门到校门，社会阅历浅，工作能力较差，应该热情地帮助他们在工作中锻炼提高，在实践中增长才干。在开展工作前，努力做到在交任务的同时交代方法，帮助干部一起研究，制订方案，让他们明确应抓什么和如何抓好；工作中，检查进展情况，及时帮助解决出现的问题，不断改进工作方法；工作后，要帮助认真总结经验，肯定成绩，及时鼓励和表扬，并找出差距，以利提高。

4. 认真考核，奖惩分明

学生干部只有学习好、工作好，才能得到老师的信任，同学的拥护；把自己锻炼成为德才兼备的人，使同学在日常生活中产生佩服之情，才能得到同学的支持和配合，把工作干好。对学生干部必须建立必要的考核制度，以激励学生干部不断进取，搞好工作。对于积极要求进步，工作中表现比较出色的学生干部，在评奖评优时给予适当加分；在条件具备时，应及时吸收他们入党。对于任职期间表现差，不能履行职责的干部，要进行调换。

二、学风建设与学业指导

加强与任课教师、班主任的沟通，全面了解学生的学习情况，帮助学生端正学习态度、明确学习目标、掌握学习方法、设计学习生涯规划，从新生抓起，坚持正面教育，强化行为规范，努力营造良好的学习氛围，促进学生的学业进步。

（一）分析现状，探究原因，制定目标

从目前学生的学习情况看，大多数同学在学习上有明确的目的，自觉性强，态度端正，能刻苦学习专业知识。但也有一部分学生学习上没有目标，学习动力不足，上课出勤率不高，学习自觉性较差，甚至有的学生"精神贫困"，平时整天混日子，对付学习应付差事，考试前临时抱佛脚，还有极少数同学准备考试时作弊。分析其原因，一方面高校扩招之后，一些学校的学生生源质量的确有所下降；另一方面，学生在高中阶段，有高考的目标要努力，而跨入大学之后，相当一部分学生有松口气的思想。面对这一情况，作为辅导员老师要想方设法花大力气，狠抓学风建设。要从新生抓起，坚持正面教育，强化行为规范，特别是要围绕学习问题，经常召开主题班会，强调大学生学习的重要性和必要性，并给每位学生制定明确的学习目标，如要求学习较好的本科生考研究生，专科生"专升本"，对学习基础较差的学生要求消灭"不及格"课程，争取每学期都有进步。目标确定后，辅导员要经常与任课教师保持密切的联系，及时了解学生的学习情况，有针对性地做好督促、检查和鼓励、批评工作。

（二）加强联系，师生互动

从客观上讲，学习风气不理想的原因比较复杂，当然学生的原因是主要因素，但也不排除少数教师教学内容陈旧、教学方法落后，以至学生厌学。辅导员要深入课堂、深入学生，定期召开学生座谈会，了解学生对教师或学校教学工作方面的建议和意见，将其反馈给教师和学校，真正促进教学的改进。

（三）尊重个性，突出学生的主体性

事实上，每个学生都有自己的兴趣、爱好和特长，辅导员老师要尊重学生的个性，鼓

励学生个性发展；善于进行理想信念教育，正确运用激励方法，加强优秀学生的榜样宣传，激发学生勤奋学习勇于创新的热情，充分调动学生的学习积极性，让学生自觉参与到优良学风的建设中来。可以根据专业特长，在学生中广泛开展各种学习竞赛，定期举办优秀作业展、成立各种学习兴趣小组，组织他们参加科技制作活动等等。

（四）制度导向，营造氛围

对于学习优秀的学生，要大力宣传；对于学习方法欠缺的学生，可以请优秀学生介绍经验；对于基础较差的学生可以让优秀学生和他们结对子；对于自觉性较差的学生，辅导员一方面要严肃批评，找出原因，树立信心，促其进步，另一方面可以与家长加强联系，请家长共同督促其努力学习。要完善考核、考评制度，鼓励学生争先创优，把学风建设与班级建设相结合，营造成才氛围。

三、党团工作指导

以班级为基础，以学生为主体，发挥学生基层组织在大学生思想教育中的组织力量。指导学生党支部建设，做好学生党员发展和教育管理工作；指导学生团支部开展丰富多彩的团日活动、主题活动，做好团员教育和推优入党工作。

（一）指导学生党建工作

学生党建工作是做好学生工作的龙头。辅导员要深刻认识和理解大学生党建工作是实施人才强国战略、培养为中国特色社会主义事业而努力奋斗的一代新人的迫切需要；是增强党的阶级基础，不断提高党在全社会的影响力和凝聚力的需要；是以党建为核心，全面加强学生思想教育的有效途径；是深入贯彻习近平新时代中国特色社会主义思想，推进党的建设新的伟大工程的重要内容。辅导员要从制度建设、支部设置、入党积极分子培养、党员发展的规范化、党员教育、活动开展和作用发挥等方面入手，全方位、全过程进行指导，开创学生党建工作的新局面。

1.加强党员先进性教育，发挥骨干作用和模范作用

辅导员开展思想教育，首先要面向学生党员，党员先进性教育是党内教育的重心。学生党员往往是学生干部，通过为同学服务，密切党组织与学生群众的关系，体验党的群众路线，锻炼自己的工作能力，这也是一种不出校门的社会实践，从思想教育与实践锻炼的结合上促进了党员先进性的加强。党员的先进性既是思想教育的工作成效，又是扩大这种成效、影响和带动普通学生提高思想政治素质的力量。学生党员要通过身体力行又红又专的育人目标，在学生思想教育中发挥骨干作用和模范作用。学生党员的先进性表现是非常具体的，他们既是各项活动的组织者和带头人，又是辅导员老师联系学生的纽带；他们生活在学生中，有一定的威信，在各方面为同学树立榜样，对同学有较强的影响力和号召力；

通过学生党员的骨干作用和模范作用，进一步把同学团结在党的周围。辅导员要做好学生工作，必须培养和依靠一支品学兼优、积极肯干的学生党员队伍。除对他们专门进行教育培训外，还要给他们明确职责，积极辅导他们开展各项工作，培养他们自我教育、自我管理、自我服务的能力，在工作中有意识压担子、压任务，让他们积极参与学生工作的各项管理。此外，辅导员还可从研究生和高年级中挑选品学兼优的学生党员干部担任新生班的辅导员助理，配合老师共同做好学生思想政治工作。辅导员要注意充分发挥学生党员的作用，学生方面的一些工作放手交给学生党员、学生干部和其他同学去共同完成，这样既培养了他们的能力又使学生工作得以顺利展开。

研究生党员骨干也是做好学生工作的一支重要的依靠力量，研究生队伍是一支庞大的教学、科研、管理后备军，如不能很好地利用研究生的资源，无疑是一种浪费。在实际工作中，有的学校或院系从研究生党员中选拔出优秀分子，担任本科学生的班导师，这一创新之举，能壮大学生工作队伍，是对学生工作干部队伍有益的和必要的补充。一方面，在研究生中掀起了争做先锋、肩负使命、勇担责任、争当表率的良好风气；另一方面，研究生优秀党员为本科生树立起了良好的榜样，在学习生活各方面都起到了表率的作用，从而带动了本科生的全面发展。这主要是因为研究生与大学生在年龄、心理、思维方式、兴趣爱好等各个方面有许多相同点，相互之间很容易沟通、相互了解、很容易和学生打成一片；研究生党员骨干能力强、有干劲、思想敏锐，确实能起到"导师"的作用，他们对工作有激情，能认真负责；研究生对学生工作也有一定经验，可以把自己一些成功、失败的经历介绍给学生。近几年，研究生人数持续增长，研究生党员也不断增加，由于研究生层次高，研究生党员骨干更是本科生心目中崇拜的对象，他们就是本科生身边的现实典型和榜样，因此他们做学生工作更有威信，更有说服力，更能取得好效果。

2. 加大党员发展力度，营造积极向上的政治氛围

加大学生党员发展力度，是加强党的执政能力建设落实到高校的政治需要。不断把学生中的优秀分子吸收到党内，能增强党的组织优势，壮大思想教育的骨干力量，促进学生党建工作，形成思想教育的良性循环。做到"成熟一个，发展一个；发展一个，带动一片"，发展一名合格党员，对发展对象本人是深刻的理想信念教育，对参与发展工作的党员也是一次再教育和再学习，对入党积极分子和周围一片同学也能产生积极的影响和带动作用。党员发展工作要充分利用群众民主评议、团支部推优、党支部讨论、红榜公示等学生党建制度规定，把考察、发展环节作为宣传党的知识、党的观念、党群关系的好机会，通过发展对象的现实优秀表现具体说明党员的先进性，影响和带动更多的学生追求上进、努力学习、遵守纪律、全面发展。

（1）加强培养教育考察，不断壮大入党积极分子队伍。加强党的知识普及教育，尽早尽快和最大数量培养入党积极分子队伍，是推动组织发展工作的基础。在大学生进校后，做好新生入党积极分子的调查工作，做好与高中、社会的衔接工作，要及时接转和审核高中阶段入党积极分子的有关材料，培养教育时间应连续计算；要通过专题讲座、党建咨询、座谈会等方式在新生中进行普及党的知识教育，悉心保护和培养学生的政治热情，多种途径对新生进行启蒙教育，使他们一入学就感到积极向上的政治气氛，提高对党的认识，积极靠拢党组织；针对新生上进心强、政治热情高、思想可塑性大的特点，做到早引导、早选苗、早教育、早培养、早发展；及时将基本素质好、入党积极性高、有培养发展前途的大学生，选送到党校学习和培训，确定为入党积极分子，并为他们创造条件，交任务、压担子，使他们在实践中尽快成长和成熟起来。

加强入党积极分子培养，构建入党积极分子培养教育的有效机制。辅导员要充分发挥党校的阵地作用，配合党校严格教学管理，严格学习考核；运用多媒体和网络等现代技术手段建立网上党校，构建完善的理论培养教育体系；采取"一帮一""一帮多"等形式，拓展入党积极分子培养教育的途径，结合学分制、公寓化等情况，着力推进党建工作进课堂、进学生社团、进学生宿舍，加强对入党积极分子的培养和教育，切实提高入党积极分子的素质。学生党支部首先要根据实际情况制定入党积极分子的条例，在学习情况、同学关系、理论知识、德育考评和日常活动等方面做出具体要求，使得积极分子如何确定有章可循；其次，支部要完善积极分子的评议工作，经常听取党外群众对积极分子的意见，更加及时详细准确地掌握积极分子的情况；再次，在培养工作方面，支部给每一位学生党员指定培养对象，要求定期找积极分子谈话，把培养情况在支部会上进行汇报，并认真填写培养表；最后，要划分党员责任区，要求每个党员至少联系一名积极分子，每个积极分子至少联系一名同学，形成一支以党员为核心的学生骨干队伍，带动组织发展工作的开展。

总之，要努力建设一支数量充足、质量较高的入党积极分子队伍，为做好培养和发展工作打下扎实的基础、创造良好的条件。

（2）严格发展程序，确保党员发展工作质量。坚持标准，严格程序，及时把符合条件的优秀学生发展为党员。要坚持党章规定的党员标准，突出党员标准的时代特征，认真贯彻"坚持标准，保证质量，改善结构，慎重发展"的方针，要正确把握质量与数量、培养与发展、思想入党与组织入党的关系，做到有培养计划、有工作步骤、有发展进度，保证发展学生党员数量稳中有升。要从五个方面考查入党积极分子的入党动机：学理论、学党章的自觉性；学习科学文化知识的刻苦性；热爱集体、关心同学、乐于助人的奉献性；遵章守纪、文明礼貌的表率性；开展批评与自我批评的大胆性。使新党员一入党，就能体会到党组织是一个组织严密、纪律严明、作风端正的战斗集体，使党员的政治思想素质和思想觉悟有所提高和增强。

严格按照《中国共产党发展党员工作细则》规定的入党程序履行入党手续。特别要以考查入党动机为重点，坚持把好政审关、谈话关和审批关。要加强学生党员发展工作制度建设，建立健全党员发展联系人工作制度、发展对象集中培训制度、党员发展公示制度、民主评议党员制度、发展党员票决制度和发展党员责任追究制度等。坚持政治审查、党校培训、团组织推优、群众调查、入党公示、组织预审、集体表决等程序，增强考察结论的真实度和发展工作的透明度。

要严把预备党员的转正关。认真考察他们预备期内的思想政治状况及遵守党的纪律、执行党的决议、履行党员义务、发挥党员作用的情况。对预备党员定期（三个月）进行民主评议，指出预备党员的不足，并定期填写预备党员培养考查表。对个别入党后表现有所松懈的党员，主动找他们谈心，提出严厉的批评，使他们充分认识到自己的不足。当预备党员预备期满提出转正申请时，支部召开大会，全体党员认真对其一年的情况进行充分而全面的讨论。

3. 合理设置学生党支部，加强支部建设，发挥其战斗堡垒作用

学生党支部是党在高校学生中的最基层组织，是党组织联系广大学生的桥梁和纽带，也是广大学生了解和认识党的窗口，是党在高校学生中的全部工作和战斗力的基础。如何创建党建工作方式，切实加强学生党建工作，这是新时期党建工作的一项重要研究课题，也是高校育人工作的重要组成部分。

（1）根据《中国共产党章程》《中国共产党发展党员工作条例（试行）》和《中国共产党普通高等学校基层组织工作条例》的要求，坚持"围绕中心抓党建，抓好党建促发展"的思路，遵循"广泛培养，保证质量，加快发展，发挥作用"的原则，积极采取有效措施，加大在学生中发展党员工作的力度，努力在全校范围内形成"一年级有党员，二年级有党小组，高年级建党支部"的学生党建新格局，逐步实现高年级学生党支部建在班上的工作目标。

（2）学生支部要按照有利于学生党建和思想政治工作的实际设立。低年级可采取同专业跨年级、同年级跨专业或学生教职工混合支部编制，支部书记一般由教职工担任，或在辅导员指导下由学生担任。高年级学生支部原则上设在班上，支部书记由学生担任。应大胆开展班级建支部的试点工作，使之与班级建设有机结合，实施"旗帜工程"，为党员队伍建设和党员作用发挥积累经验，为开展"保持共产党员先进性教育"探索符合大学生成才规律的有效途径。正式党员达到3人、具备单独设立基层党组织的学生班级应成立学生党支部。支部建在班上，有利于党支部及时了解掌握学生思想状况，对入党积极分子的培养考察和发展工作更加深入公正；支部建在班上，有利于开展组织活动及对党员的教育管理和监督，充分发挥党员的先锋模范作用；支部建在班上，有利于对班级管理和重大事项做出迅速反映，充分发挥党支部的领导核心作用；支部建在班上，有利于提高党的组织生活质量，使党的活动更富有针对性和实效性。

（3）加强学生党支部建设，要制定学生党支部工作条例，明确学生党支部的工作职能和作用。要加强对学生党员的教育、管理和监督，严格组织生活；要了解学生思想状况，反映他们的意见、要求和思想情绪，做好学生的思想政治工作；要培养、扩大入党积极分子队伍，按照党员标准发展新党员；具体指导和帮助团支部、班委会开展工作等。

采取有效措施努力形成支部书记上岗培训和定期业务培训制度，不断提高他们的思想政治素质和业务水平，充分发挥学生支部书记在学生中发展党员工作的重要作用。健全制度、严格支部的组织生活制度是加强党支部建设的一项重要内容，是提高党员素质，增强党支部战斗力的重要措施。为此，学生党支部要严格坚持两周一次的组织生活制度、每季度一次的民主生活会制度、党费收缴制度、党员定期思想汇报等制度。支部要定期召开支委会，研究支部工作，并在每学期初制订出工作计划，支部活动按计划进行，内容、时间、地点事先确定下来，做到有章有序。要创新学生党支部活动方式，丰富活动内容，使党的组织生活既符合党的要求、体现党的性质，又贴近实际、贴近生活、贴近学生。要在民主生活会上，引导党员之间相互交流思想，认真开展批评与自我批评，使得每位党员都能更加严格地要求自己，及时地发现错误，改正错误，真正发挥出党员的先锋模范作用，在同学中树立起威信。要经常听取学生党员和普通学生的意见和建议，努力做到学生党支部为学生党员服务、学生党支部和学生党员为广大学生服务，不断增强学生党支部的吸引力和影响力，使学生党支部切实发挥好战斗堡垒作用。

（4）加强党员继续教育，促进学生党员先锋模范作用的发挥。要以保持和发挥党员先进性为主要内容，推动思想建设、组织建设和作风建设，按照从严治党、注重实效、规范制度、继承创新的原则开展党日活动。要严格支部"三会一课"制度，实施"党员先锋工程""旗帜工程"，积极开展"创先争优""民主评议党员""建立党员示范岗"等活动，建立健全和实施党员行为规范考察、评估制度，确保党员先锋模范作用的发挥。

（5）充分调动学生党员自我教育的积极性，大力开展"一帮二严三带头"活动。即每位学生党员帮助一位后进同学；学生党员要严格要求自己，严守组织纪律；要在思想、学习和各项活动中起好带头作用。

学生党员帮助后进同学，因为同龄人的缘故，他们之间容易沟通，彼此了解，更容易发现问题所在。学生党员定期和这些同学谈话，主要解决他们思想上的问题，帮助他们找原因，树信心，和他们谈理想，谈计划，谈目标，了解其近期的学习生活情况，给予更好的建议，帮助克服心理上的障碍。正确安排学习、娱乐的时间；处理学习、生活中遇到的困难。让他们适应大学生活，融入大学的氛围当中来。让同学们深刻感受到集体的温暖，集体的力量，体现我们党密切联系群众、深入关心群众的优良作风。每位党员积极投入到这一活动中，既带动了学生工作，又使每位党员真正从思想上认识到党员肩上的责任，从而更加明确了入党后的努力方向，提高学生党员的政治素质和思想觉悟。

学生党员严格要求自己，严守组织纪律，要在思想、学习和各项活动中起好带头作用。学生党员必须带头认真学习党的基本知识、邓小平理论、"三个代表"重要思想、科学发展观和习近平新时代中国特色社会主义思想，不断提高思想觉悟；要带头在学习上高标准，严要求，争当三好和优干；要带头积极支持和参加各项活动，全面提高素质修养和工作组织能力。学生党员来自学生群体当中，更应该严格要求自己，严守党的组织纪律，只有自己真正的全面发展，综合素质能力强，才能充分发挥党员的先锋模范作用，才能在学生群体当中起好带头作用，才能体现党的先进性，才能吸引更多的优秀学生加入党组织，不断壮大党的队伍，保持党的活力。

（6）选派研究生党员担任本科生班导师并兼任班党支部委员。研究生党员骨干担任本科生导师和党支部委员，指导本科生的党建工作，他们首先是班级同学的政治导师，其次还是同学们的业务导师、生活导师和纪律导师。他们能够通过自身的努力，教育引导广大同学树立正确的世界观、人生观、价值观，教育引导广大同学与党中央保持一致，教育引导广大同学爱国爱校、自强奋斗、诚实守信；他们能够带头努力学习，刻苦钻研，提高自身的综合素质和创新能力、实践能力，努力成为学业上的标杆；他们能够在日常行为中自律自警，慎独自重，成为广大同学的行为示范和道德楷模，从而促进学生党建工作，并为在全校学生党员中深入开展"旗帜工程"增添亮点。

（7）研究生党支部与低年级本科生党支部共建。开展共建活动可以实现高带低、老带新，通过交流党建工作经验，让低年级本科生熟悉党支部工作规范，共同做好积极分子的培养、考察、教育工作和党员的理想信念教育工作，发挥好党支部的战斗堡垒作用；通过交流大学期间学习、生活的经验，激励本科生发奋学习，综合发展；通过交流一些负面的典型案例，以警示同学们远离退学的边缘，党支部要关注并帮助"精神贫困"的学生（如违纪者、经常上网者等），做好"一帮一"工作。

总之，指导学生党建工作、加强和改进在大学生中发展党员工作，是辅导员的长期任务。为党组织源源不断地输送受过高等教育的青年，高校辅导员责无旁贷。

（二）指导学生团建工作

高校团组织是大学生的先进青年组织，是党的得力助手和后备军，是团结组织青年大学生的核心，是党联系青年大学生的纽带。高校绝大多数学生都是共青团员，因此团组织的各方面建设就构成了学生思想教育的大平台，要充分发挥共青团在教育、团结、联系大学生方面的优势。

1. 开展主题教育活动，形成长效机制

要根据学校的传统和大学生的特点，以形式多样的主题教育活动为载体，加强对团员青年进行共产主义理想信念教育、建设中国特色社会主义和党的路线方针政策教育，以纪念重大历史事件和重大社会活动为契机，开展演讲比赛、知识竞赛、征文、座谈会、报告会等活动，广泛开展爱国主义、集体主义、社会主义和革命历史、革命传统教育，引导广大团员树立正确的世界观、人生观和价值观，不断提高团员青年的思想政治素质。

高校团组织要凭借自身的优势，坚持以人才培养为中心，以社会实践为基本途径，以思想教育、主题活动、志愿者服务、大学生素质拓展计划、校园文化为主要内容，充分利用课余和假期组织学生开展各种教育活动。各学院团委（系团总支）要围绕校团委的总体安排、各班团支部要服从学院团委（系团总支）的具体部署，开展深受大学生欢迎的诸如以"爱校、责任、奋斗、自强、诚信"等为主题的系列教育活动，策划实施并形成自己的

特色，规范与细化实施方案，形成长效机制，打造有自身特色的贴近实际、贴近生活、贴近学生的思想教育的品牌。

2. 坚持党建带团建

团组织要紧紧抓住党建带团建这个关键，不断加强团组织的自身建设，加大政治育人的力度，成为党的忠实助手和强大的后备军。要积极开展"推优入党""推优入团"和大学生素质拓展等工作，着力提高团干部的思想政治素质和工作水平，增强共青团的生命力和战斗力，在大学生思想教育中更好地发挥桥梁和纽带作用。

通过课外科技、文化、体育、校风学风建设等校园文化活动提高大学生的全面素质，服务于大学生成才，这是团组织从自身利益上团结带动广大学生的职责。大学生素质拓展计划综合了教育与服务的功能，极大地调动了大学生参与团组织系列教育活动的积极性，要大力推进这项工作的实施，协同发挥团组织和各种社团协会在素质拓展活动中的作用，积极探索素质拓展活动与课内教育的结合和配合；做好各项记录，肯定学生的在校表现，在学生毕业时，不仅有毕业证、学位证，还有素质拓展证。

通过建立广大学生与学校领导及各职能部门之间信息沟通的规范渠道，及时反映学生的建议和意见，及时解释学校的各项改革措施，帮助学生解决学习生活中的实际问题，理顺情绪、化解矛盾，充分体现党的群众路线。团组织要与学生会、研究生会紧密配合，在学校党政的领导下，认真参与信息沟通建设，正确维护广大同学的正当权益，正确引导学生的民主观念，在大学生思想教育中更好地发挥桥梁和纽带作用。

3. 加强对学生组织的引导

学生会、研究生会、学生社团是大学生的群众组织，是开展大学生思想教育的重要依靠力量，是大学生自我教育、自我管理、自我服务的组织者和实施者。加强对大学生群众组织的引导是共青团的重要任务，也是共青团开展学生思想教育的重要抓手。要大力支持各种学生组织积极开展适合学生特点的活动，利用学生组织能够较好地把学生组织起来的号召力，开展更加广泛的、生动有效的思想教育活动，发挥好在大学生思想教育中的桥梁和纽带作用，把广大同学紧密团结在党的周围。

高校基层学生党团组织的建设与先进集体的建设相统一、相结合。党团组织设置要尽可能顺应班级、年级的学生基层集体的建制，一方面，大学生的成长要依托一个环境，在班集体环境中，通过相互关爱的支持、潜移默化的熏陶、比学赶帮的激励，能形成一种催人上进的氛围；这正是思想教育的条件，使思想教育紧密联系学生在日常生活中反映出来的思想实际。另一方面，学生基层党团组织要以自身的建设带动所在学生班集体的建设，充分发挥党团员的先进性作用，主动带领学生争先创优；党支部、团支部、班委会合理分工，相互配合，共同成为班集体团结进步的核心力量，共同建设先进集体，进而不断强化有利于学生成长的良好环境。

四、素质拓展指导

加强对学生校园文化建设和社会实践的指导。依托班级和团支部，组织好学生社会实践活动、服务社区活动、技能培训活动、课外科技学术活动和文体娱乐活动，拓展学生素质，培养学生的创业创新能力、实践能力，努力为学生成才和就业服务。

（一）校园文化建设

校园文化是同学校同时产生、长期积淀、一道发展并且独具特色的一种文化现象，是学校长期形成并为全体人员所认同的校园精神、校园文化环境和师生员工课余文化的总和。校园文化是开展大学生思想教育的有效途径和有力载体，做好校园文化建设，对于全面贯彻党的教育方针，优化育人环境，培养良好的校风、学风，促进学生的健康成长，具有十分重要的意义。

校园文化能为人们所切身感受和体验，能潜移默化地影响学生，能拓展学生的素质，具有很强的育人功能，主要体现在坚定信念、涵养德行、开阔胸襟、启发智慧、提高情趣、健康身心等方面。为此，辅导员要带头重视校园文化建设，大力开展学生喜闻乐见的、丰富多彩的、积极向上的学术、科技、体育、艺术和娱乐活动，建设以社会主义文化和优秀的民族文化为主体、健康生动的校园文化；要努力净化校园环境，抵制消极、腐朽思想的渗透和影响，抑制低俗文化和非理性文化倾向，引导校园文化气氛向健康高雅方向发展。

1. 积极开展校园文化活动，寓教育于活动之中

校园文化建设中，要通过开展丰富多彩的校园文化活动，大力加强文化素质教育。校园文化活动主要包括思想教育类活动、学术活动、科技活动、艺术活动、体育活动、娱乐活动、社会实践活动等。

思想教育类活动的开展是以为人民服务为核心、以集体主义为原则的社会主义道德教育、爱国主义教育、民主法制教育和纪律教育，引导学生树立正确的世界观、人生观、价值观的一种活动形式，它是提高学生思想道德素质的重要途径，是最能体现中国特色社会主义大学校园文化的活动形式。这些活动主要有会议报告、座谈讨论、知识竞赛、演讲、征文及政治性学生社团组织的马列读书小组、党章学习小组、邓小平理论研究会等开展的一些活动。除此以外，艺术活动、娱乐活动、社会实践活动等也能达到进行思想教育的目的，即将思想教育的内容寓于文化娱乐活动之中，寓教于文、寓教于乐。

学术活动是大学校园文化活动中的高层次活动，其主要活动形式有学习竞赛、学术讲座、学术讨论、学术研究、论文写作、文学创作等。学术活动不仅可以深化课堂所学知识，而且在学生面前开启了一扇领略新学科知识的窗口，建造了展示学生才华的舞台。它使文科学生通过系列的学术报告，学习现代科学知识；使理工科学生通过系列的人文讲座，系统学习中国传统文化。这种极富学术含量的活动，有助于学生开阔视野，开启智慧，激发

其施展才能的热情。

科技活动是以深化、扩展课堂所学知识，培养学生的创新精神和实践能力，组织学生参加有关学科的科研活动及知识服务，运用所学知识为社会主义现代化建设服务的一种活动形式。它主要包括：科学报告会、学术讲坛、科学文化节、科技成果展、技术培训、科技咨询服务、科普创作、工程实践、个性化实验等等。两年一届的全国"挑战杯"竞赛活动，就是全国大学生课外科技活动的一次大检阅，是大学生课外科技成果的一次大展示。

体育活动是学校经常开展的活动，也是十分重要的活动。学校体育工作包括体育课程和课外体育活动两部分。加强体育课程教育，确保学生的课外体育活动时间，举办多种多样的群众性体育活动，对于增强学生的体质，培养学生的竞争意识、合作精神和坚强毅力，具有重要的作用。

娱乐活动是校园文化活动体系中的重要组成部分，也是大学生喜闻乐见的活动形式。无论是表演类、联谊类的活动，还是比赛类、欣赏类的活动，都有助于在学校形成一个绚丽多彩的文化世界，为学生提供一个愉悦身心、陶冶情操、锻炼技艺、施展才华的文化舞台。因为它有广泛的群众基础，为学生所喜好，因而应该给予坚决支持，积极创造条件鼓励其开展；由于它的自发性，所以必须加以正确、及时的指导、引导，满足学生的高层次精神文化需求。

社会实践活动主要包括组织学生参加社会调查、服务咨询、生产劳动、科学研究、技术开发和推广活动，组织青年志愿者到城乡支工、支农、支医和支教，参观博物馆、纪念馆、文物古迹、名胜景点等。社会实践活动能加强和改进对学生的实践教育，使学生在实践活动中进一步了解社会，学习工农，增长才干，运用所学知识为人民服务，能起到其他活动形式所不能替代的作用。

2.调动广大学生参与校园文化建设的积极性，发挥学生的主体作用

大学生是校园文化建设的主体力量，他们是最积极、最热情、最有生气以及最富于好奇心、想象力、实践精神和进取精神的力量，是校园文化最广泛、最直接的参与者和建设者。要充分发挥他们建设校园文化的主动性、积极性和创造性，使他们在建设校园文化的丰富而生动的实践中锻炼自己、教育自己、管理自己、提高自己。实践表明，掌握较多科学文化知识和能力、富有青春朝气和创新精神的大学生群体与丰富多彩、充满活力和动感的校园文化的建设和发展有着内在的本质的联系。从一定意义上说，高等学校的校园文化就是大学生文化。大学生既是这种文化的建设者又是这种文化的受益者。要将尽可能多的大学生吸引和组织到校园文化建设的队伍中来，既发挥其生力军作用，又使之在创新校园文化的过程中受到先进文化的陶冶，在丰富校园生活的同时丰富自己的精神生活。

（1）进行思想动员，培养学生的集体荣誉感、责任感和竞争意识。通过理论教育和榜样激励等方式对学生进行思想动员，使他们认识到参加校园文化活动是个人成长成才的重要途径，既有责任、义务，也能受益；既能展示自我，又能为集体做出贡献。平时要注重培养学生的集体荣誉感、责任感和竞争意识，积极参加学校、学院（系）组织的各项活动，是同学们为集体争荣誉、做贡献的极好机会，是每一个同学应尽的义务。要努力形成一种你追我赶、不甘落后的气氛，教育引导学生广泛参与校园文化建设。

（2）发挥骨干带头作用。各级各类学生干部、学生党员等骨干从来就是做好学生工作的最重要的依靠力量，要充分调动他们的积极性，发挥好他们在校园文化建设中的模范带头作用。此外，辅导员要在各类活动中、在日常教育管理中善于发掘一批中坚骨干分子，这批中坚骨干分子是具有各种特长的学生：有的学生是球场上的健将，有的是棋坛高手，有的是舞台新秀、表演奇才；有的学生喜爱英语，有的爱好文学、书法、绘画、摄影等等。对这些学生平时要注意观察，充分了解他们，及时发现他们的潜在积极性，鼓励他们参加校园文化活动。使这些有特长的中坚骨干分子找到适合于自己的活动、工作和角色，并能充分表现自己特有的志趣和爱好，积极投入到各项活动中大显身手，为集体争光。

（3）丰富校园文化的内容和方式。任何活动要靠引导和吸引的方法，而不能简单靠行政命令的方法来完成。为调动广大同学参与校园文化建设的积极性，就要不断丰富校园文化活动的内容，注重知识性和趣味性；就要不断改进校园文化活动的方式，注重群众性和多样性。进而形成具有学校特色、学院（系）特色、年级特色及班级特色等的校园文化活动品牌。

知识性和趣味性。开展任何一项活动，要使同学们积极参加，就必须有明确的目标，寓教育于活动之中，并融知识性与趣味性于一体。大学生求知好学、热情高、可塑性强，他们渴望从校园文化活动中了解党的方针政策、建设中国特色社会主义的成就，寻求理想信念、人生观、价值观等问题的正确答案，希望尽快地学习并具有广博的知识，毕业后对社会有所作为。校园文化建设也要与时俱进，如组织科学发展观研究会、科技协会、大学生社会学协会、心理学协会、职业生涯规划及创业协会、人际交往沙龙、周末文化广场以及工程实践、个性化实验等，以同学们喜闻乐见的校园文化活动内容吸引他们参与其中。

群众性和多样性。有的同学需求知识的富有，有的倾心精神的寄托，有的寻求心理的平衡。活动方式应为同学们喜闻乐见，努力满足各种需要，如表演娱乐型、欣赏评论型、比赛竞争型、报告演讲型、学术研讨型、评比表彰型、服务实践型、读书心得型等等。丰富多彩的校园文化活动，对于人才的培养有着持久而强烈的影响力，同学们通过参加各种形式多样的活动，能学习昂扬的创造进取精神、勤奋严谨的治学风格、深沉炽烈的爱国感情、为人称道的道德风范和自强不息的奋发精神。

（4）做好宣传总结工作。要做到正确导向与自主参与相结合，经费投入与活动开展相结合，总结表彰与大学生素质拓展计划相结合。建立健全激励机制，给予必要的经费支持，及时记录同学们参加的校园文化活动，表彰活动中的积极分子，总结活动中的成果、特色，不断创新活动内容和活动形式，形成具有学院（系）特色、年级特色等的校园文化活动品牌。

总之，加强校园文化建设，充分发挥其育人功能，是加强和改进大学生思想教育的一个重要环节。用校园文化活动的吸引力和亲和力、知识性和趣味性、群众性和多样性、生动性和贴近性，来增强学生在文史哲艺、理工农医等领域认知的广度和深度，并转化为其自身的内在修养。特别是对于大学生来说，校园文化建设是显示他们的价值、帮助他们成长的重要舞台。一定要大力建设好这个舞台，使大学生在这个舞台上受教育、长才干、做贡献，努力成长为德智体美全面发展的高素质的创造性人才。

（二）社会实践

大学生社会实践是指按照高等教育目标的要求，有组织、有计划、有目的地引导大学生深入实际、深入社会、深入生活，从而提高其全面素质的一种教育活动。社会实践是大学生思想教育的重要环节。组织开展大学生社会实践，对于大学生了解社会、了解国情，增长才干、奉献社会，锻炼毅力、培养品格，增强社会责任感具有不可替代的作用。

1. 不断丰富社会实践的内容和形式

社会实践的方式和内容要从多方面考虑，例如，和专业学习相关的科学试验、工程实践、生产实习、科技发明等；和服务社会相关的科技咨询、志愿服务、成果开发、技术培训、公益劳动、"三支一扶"、送温暖及资助贫困儿童上学等；和学校相关的助研助管、校园文化活动等；和了解国情相关的社会调查、社会考察、参观访问等。总之，要拓宽视野，不断丰富社会实践的内容和形式。

对于低年级学生的社会实践应以军事训练、社会调查、志愿服务、公益劳动、科技发明为主，重在让他们了解国情、认识社会，增强建设祖国、服务社会的责任感；对于高年级的学生，要注重紧密结合学生专业，以实践服务、专业实习、工程实践、创业实践为主，使他们充分发挥专业技能优势，在实践服务中接受进一步教育和锻炼，为社会发展贡献力量。

2. 加强大学生社会实践基地的建设

利用好校内外各种资源，加强大学生社会实践基地、业务能力实践基地的建设，积极探索实践育人的长效机制，实现知识、创新能力教育与思想道德教育的相互促进。整合校内外资源，把一二课堂、校园内外的教育有机地结合起来，产生良好的互动效应，提高大学生就业和自主创业的能力。充分利用学校与社会的各类资源，在校内外建立多种社会实践与业务能力实践的人才培养基地，将学生的业余时间充分利用起来，在思想道德基地活动中使他们深入社会了解人民的疾苦，一方面有效推动社会经济的发展和文明新风的传播，另一方面使大学生在服务中全面提高自身素质，树立社会责任感；在校内利用工程实践基地对学生进行业务实践能力培养，为学生参加全国"挑战杯"大学生课外学术科技作品竞赛等重点科技赛事提供指导和支持，并与社会职业教育密切结合，使学生在培训中获得各类资格证书，提高他们的就业竞争力。通过实践环节，锻炼提高大学生的创新意识、敬业精神、实践能力等综合素质，并能使思想品德教育具体化，以实现思想道德素质、科学文化素质的有机统一和相互促进，体现实践的育人功能，全面提升人才培养质量。

五、职业规划与就业指导

帮助学生设计职业生涯规划，进行就业、创业指导，促进学生充分就业。

（一）认清严峻形势

大学生就业"难"，无疑是近几年整个社会最为关注的话题。高校毕业生数量的快速增长与社会经济发展提供的就业岗位相对不足和部分毕业生就业观念相对滞后是影响大学生就业的主要因素。

1. 高校毕业生数量的快速增长

进入21世纪，我国高校连续扩大招生规模。我国高等教育的发展进入了一个新阶段，已从过去的精英教育日益走向大众化教育。象牙塔里的莘莘学子突然发现，找工作对于他们来说不再是一件容易的事情。毕业生数量呈跳跃式增长，由此滞留未就业的毕业生的数量也急剧上升。

2. 社会就业环境发生变化

改革开放以来，我国虽然加入了WTO，但世界贸易的保护主义、贸易争端以及高油价的压力、人民币升值的压力等等影响了产业的进一步发展；科技的进步、经济的发展与增加的岗位不成比例，以前经济每增加一个百分点能增加就业岗位85万至110万个，但现在为70万至80万个。社会就业环境已发生变化，城镇新增劳动力、农村富余劳动力和下岗失业人员三大群体的数量急速攀升，造成"三峰叠加"，每年全国需就业的人数约2300万，而能提供的就业岗位约为1100万。

随着改革的深入，传统的主渠道吸纳毕业生的能力下降。前些年，我国政府机关和国有企业事业单位长期以来是接收高校毕业生的主渠道，但随着改革的深入，首先是政府机构大幅度精简，因此不可能再大幅度地吸收毕业生。其次，在历次政府机构调整中，分流人员基本上是在事业单位找到了出路，而事业单位由于经费紧缩等原因本身也面临着精简的问题。第三，国有大中型企业由于冗员过多，包袱过重，也在减员增效。目前我国的政府机关和国有企事业单位作为传统的毕业生就业的主渠道吸纳毕业生的能力逐渐下降，毕业生就业的渠道转变为多样化，如非公有制的民营企业、外资企业、个体经济等等。这种现象在近几届毕业生签约的过程中，表现得尤为突出。

我国高等教育经过改革开放40余年来的高速发展，人才的存量资源已大大增长，其稀缺程度正在下降。毕业生数量不断增长，而社会上的人才需求增长则是缓慢的，这就使得大学毕业生这种优质稀缺的人力资源逐渐地由卖方市场转向买方市场。

3. 大学生自身的因素

（1）传统就业观念的束缚。当前，社会经济成分和经济利益多样化，就业岗位和就业方式多样化，社会组织结构与形式多样化。这些多样化的产生影响着人们的认知方式和价值判断，影响着人们的思维方式和道德判断，同样也影响着大学生的职业理想和就业观念。不少毕业生认为，上了大学就要想办法捧到一个"铁饭碗"，旱涝保收，衣食无忧，把就业单位的性质看得过重，想找个稳妥的工作。

（2）自身综合素质有待提高。人才的竞争，是人才素质的竞争，当今社会所需要的是全面发展的复合型人才。近年来，大学招生数量不断扩大，学校的办学条件改善不大，使学生质量有所下降。一些大学生在校时只满足于完成应学的课程，缺乏广博的专业知识积累和解决实际问题的能力，灵活的思维能力、创新能力有待提高，动手能力较差。毕业生在就业的过程中应对能力较差，主要表现为心理承受能力和主动推销自己的能力较差，往往遇到困难心理压力太大，碰到机遇又不能当机立断，加之语言表达能力不足，在应聘的场所紧张、胆怯，不能自信地展示自己，由此错失了就业的良机。大多数毕业生在招聘现场显得较为"盲目"，在拥挤的求职人群中，有的毕业生挤进去投了简历后就匆匆离去，有的毕业生和招聘单位交流时，只问了一下单位的待遇就离去了；有的毕业生对自身的期望值过高，没有充分认识到就业形势的严峻性。

（3）学生期望值过高。许多大学毕业生不愿意到基层或小城市就业，不愿意到西部工作而往经济较发达的沿海挤，造成了人才浪费。不少学生到企业怕累，又怕没有保障发不出工资，到事业单位又担心挣钱少，一心想到国家机关或外资企业，以求不做官就挣钱。

（二）树立信心，接受挑战

高校扩招以后，毕业生数量大幅度上升，就业压力持续增长。实际上，我国是一个发展中国家，也是人才缺乏严重的国家。根据国家统计局的数据，中国受过高等教育人数仅占全国人口比例的3%，连北京这样属于全国人才最密集的地区也才只达到总人口的13%，比起发达国家的30%～50%的比例还有相当大的差距。美国人口只占世界的1/22，但却拥有全世界1/4的科技人员。我国目前的科技力量和人才队伍与发达国家相比还有一定差距，每万人口中大学生的人数，美国是我国的30多倍，而同属发展中国家的印度也是我国的3倍多。

我国政治稳定，经济和社会的发展提供了很大的就业空间。一是第三产业的发展。随着经济的发展和人民生活水平的提高，带动了产业尤其是第三产业的发展，一般说来，第三产业GDP每增加一个百分点平均增加就业岗位85万个，我国在全面建设小康社会的过程中，第三产业拉动就业的潜力很大。二是非公有制经济的崛起。非公有制经济实体接受毕业生的比例在逐年增加，我国现有上千万个中小企业，其中大部分是民营企业，随着经济的发展，非公有制经济将成为毕业生就业的重要渠道。三是我国产业结构的调整使新增的就业岗位更适应大学毕业生，特别是我国加入了WTO，高新技术人才以及熟悉世界贸易规则的金融、管理、贸易、信息、法律、会计等高级经营管理人才将供不应求，高素质的工程师及技术工人也远远不能满足需要。四是党和政府高度重视大学生就业，出台了许多优惠政策。总之，各行各业都需要高素质的大学毕业生来补充科技和管理队伍。

由此可见，形势总体严峻，但出路也相当宽广。这要求大学生正确把握就业形势，及时调整自己的知识结构，增加社会急需的技能，灵活主动地求职。

（三）加强职业生涯规划和就业指导

目前多数高校的就业指导途径是采取开办就业信息网站，定期举办校园招聘会，但是在开设就业指导课、加强毕业生就业观教育和提高学生心理素质等方面较为薄弱，有待加强。要教育毕业生树立正确的择业观念，正确处理好个人志愿与国家需要、权利与义务的关系，增强社会责任感和使命感，鼓励毕业生把国家需要放在第一位，大力提倡到祖国最需要的地方去、到基层去的敬业精神和为人民服务的奉献精神。要重点加强国家就业政策的宣传，加强毕业生职业生涯规划和求职技巧的指导，加强毕业生就业信息服务工作，为毕业生积极拓宽就业渠道，帮助毕业生创造和捕捉就业机会。

对毕业生本人来说，一是要转变观念，迎接挑战。面对严峻的就业形势，毕业生要有意识地自觉地通过专业学习、校园文化活动、社会实践等方式提高自身的综合素质，按照社会对人才需求的新特点，锻炼提高自己的竞争实力。二是面对激烈的就业竞争，毕业生要培养良好的心理素质，增强心理承受能力，要掌握求职的技巧，不失时机地推销自己。三是毕业生要适时调整期望值。期望值过高，容易造成"高不成、低不就"，失去许多机会。手握大学文凭，不甘心从事"低等"工作，希望一步到位找一个体面高贵的职位，这些不切实际的幻想往往使同学们陷入误区。实践出真知，基层造就人，因此，调整期望值，树立"先就业，再择业，后创业"的就业观，"到基层去，到一线去，到祖国和人民最需要的地方去"，应该是更多毕业生的明智选择。

六、日常管理工作

大学生的日常管理工作的特点是全员覆盖和全过程覆盖，就是对每个学生从进校至毕业都要进行的各方面管理工作，要做到从头做起，持之以恒。辅导员要熟悉规章制度，完善规章制度，使管理工作制度化、规范化，使思想教育得到制度的规范、保障和支持。管理工作要坚持公开、公平、公正的原则，做到一视同仁，从严要求，按章办事，要做到数据化、电子化，建立学生管理工作档案，做好大学生行为的规范化管理、宿舍管理、安全稳定等学生日常管理工作。对学生的管理制度是进步思想观念、价值标准和道德准则的具体体现，充分发挥制度的导向作用，有助于学生的自我约束、自我激励。通过制度对学生日常行为的约束，反复强化，就会形成习惯，不断积淀习惯就能慢慢转化为学生内心的信念和内在的品质。

（一）大学生行为的规范化管理

做好迎接新生工作，组织好新生入学教育；明确大学生的文明行为要求，进行大学生的作息制度管理以及请销假、上课等集体活动的考勤；组织学生的学期、学年思想品德现实表现考核、学年总结和鉴定及综合测评工作；参与和执行学生奖惩工作，负责组织本年级学生的评奖评优工作和协助本学院（系）领导做好对违法、违规、违纪学生的处理工作；做好学生的奖学金、困难补助、助学贷款和勤工助学的评选、审核及发放工作；根据学校及本学院（系）的整体学生工作计划，制订和实施所负责年级的学生学期工作计划和期末总结工作；做好辅导员工作日志记录，建立学生管理工作档案，并协助学院（系）做好学生档案的整理工作；教育和督促学生按时缴纳学费，履行缴费义务，做好欠费学生的学费催缴和还贷工作；做好毕业教育、毕业生鉴定和文明离校工作，学生材料归档；协助学院（系）做好毕业生就业信息反馈和跟踪调查工作。

（二）学生宿舍管理

随着学生公寓的社会化改革，大学生的宿舍是辅导员开展教育和管理工作的重点。平时辅导员要主动深入宿舍开展工作，指导学生营造良好的宿舍卫生环境和文化环境，遵守学生宿舍管理规定，积极开展文明宿舍建设，养成良好的生活习惯。通过开座谈会、个别交流等形式增进对宿舍同学的了解，经常听取同学们生活上的需求，并积极与公寓中心联系，帮助学生解决实际问题，使学生感到自己是真正的主人；组织一些学生骨干成立学生宿舍自律委员会，同时经常保持与舍长的联系，主动发挥舍长的作用，在宿舍与宿舍之间开展各项文体活动；针对因特网的不断普及，青年学生上网人数较多，网上信息庞杂，导向混乱的状况，特别是在网络进宿舍的情况下，辅导员要与网络中心主动联系，加强网络管理研究，真正做到教育管理工作进网络，让主流思想占领主阵地，进一步扩大政治思想教育的范围与力度。

（三）安全稳定工作

开展日常安全教育，对学生进行校风、学风、校规、校纪和安全法制教育，帮助学生端正学习态度，增强学习动力，养成良好的组织纪律观念、法制观念和文明习惯，提高学生的安全意识，避免学生意外事故的发生。建立畅通的学生工作信息渠道，保持与各学生工作职能部门和主管领导以及任课教师的沟通；及时妥善处理学生中出现的各种突发事件。

教育与管理工作都要进行思想教育以解决思想认识问题，都要依靠法律法规和校纪校规以解决行为约束与养成问题，两者缺一不可，两者相互配合可促进学生的知行统一。辅导员对学生既要无微不至地关心爱护，更要严格要求，不做"好好先生"，把教育指导和日常管理、严肃纪律和尊重学生结合起来。在评奖评优、学生干部的选拔培养、学生党员的发展、贫困学生的资助等关系学生切身利益的工作中，要坚持公平、公正和公开的原则，做到对自己负责，对学生负责，对家长负责，对学校负责，对党和国家负责，工作要实实在在，认认真真，精益求精，不马虎应付，不得过且过，表里如一，实事求是。做到情况早了解、问题早发现、危机早预防、事故早解决，带着强烈的事业心和责任感做好本职工作。

第三节　服务学生成长和发展

辅导员要从学生实际出发，为学生办实事，解决实际问题，做好服务工作。做好服务工作的基本要求是深刻认识服务工作的政策性强，利害关系突出的特点；努力增强服务意识，端正服务态度，提高服务能力和水平；要把合情、合理、合法三者紧密结合起来，既要热情细致周到，又要坚持原则性和政策性。

辅导员要经常深入到学生中去，及时了解和掌握学生的思想、学习、生活情况和需求，发现问题及时汇报和处理。本着一切为了学生的态度，为学生排忧解难，维护学生权益，满足学生的合理需求，做学生的良师益友，寓教育于优质服务之中。一方面要理解学生的愿望要求，关心学生的冷暖疾苦，从学生反映的一个一个问题做起，从关心学生学习生活的一点一滴做起，增强帮助学生解决实际困难的紧迫感，对能解决的实际问题不推诿、不拖延；对暂不能解决的问题要做好解释疏导工作，不断满足学生对学习、伙食、住宿和文体活动等方面的合理要求。另一方面，辅导员要发挥好桥梁与纽带的作用，建立健全通畅、快捷、有效的沟通机制，使学校的校情与学生的需求能够在长效机制的保证下形成良好的互动和双向反馈。换言之，辅导员具有双重身份，既要代表学生向有关部门上达学生的愿望，又要代表学校做好服务、解释工作。

辅导员要乐于与学生打交道，乐于帮助学生解决发展中遇到的各种问题，成为学生可以信赖的知心朋友，帮助学生成才立业。特别是要做好贫困学生、心理不健康学生和学习不努力学生等特殊学生群体的工作，并保持与其家长的联系。

落实好对经济困难学生资助的有关工作，组织好学生勤工助学，积极帮助经济困难学生完成学业。建立贫困生档案，对家庭困难的学生情况要详细了解，做到心中有数，同时要积极向学院（系）反应，想方设法采取多种形式帮助他们，如主动帮他们联系校内外的勤工助学岗位，积极为他们争取困难补助、社会上的捐助，认真帮助他们办理助学贷款等等。此外，辅导员要加强对贫困生的感恩教育、诚信教育，经常鼓励他们要树立自强自立的信心和社会责任感。

帮助学生培养良好的心理品质。大学生处于特定的年龄阶段，心理发展还不大成熟，当他们跨入大学以后，部分学生因为对新环境的适应能力和挫折的承受能力较低而引发心理障碍。有的学生是按服从志愿进入该专业学习，因此不欢喜所学专业；有的学生的学习方式还是中学的一套，不适应大学的课堂教育；有的认为大学不如想象中的那么美好而产生失望情绪；有的因远离家乡、父母，缺乏生活自理能力而感到无所适从。特别是他们所面临的是社会客观环境大变革、大发展、新旧观念大转变时期，从而造成心灵的剧烈碰撞和冲击；而高校为了适应市场经济的需要，实行了一系列的改革，如高校收费制度的改革，毕业生就业实行双向选择等，使大学生直接面向市场，越来越强烈地感受到竞争的巨大压力。目前，大学生中独生子女比例较高，相对而言，他们的心理承受能力较弱，再加上有些家庭的父母对子女的教育方法不当，特别是现在学生的家庭变故如家庭矛盾、父母离异、单亲家庭增多，使大学生中有相当部分学生心理上存在着一系列的不良反应和适应障碍。根据这一实际，作为辅导员，应该切实加强大学生的心理健康工作，重视培养学生良好的心理素质，如在学生中开展多种形式、多种内容的群体活动，使学生在活动中交流思想、加深了解、开阔胸怀。辅导员老师要自觉地学习心理健康知识，并通过开设有关专题讲座，使学生懂得如何做人，与人相处。同时，对少数有心理障碍或心理疾病倾向的学生要及时给予关心。想方设法进行疏导，情况较严重的可与心理咨询中心取得联系，共同做好工作。总之，要利用好校内外的资源，把思想教育与心理健康教育相结合，个案心理障碍咨询与团体励志教育相结合，教育学生学会求知、学会做事、学会共处、学会做人。对心理不健康的学生要早发现、早报告、早咨询、早干预、早治疗。

在很大程度上，学生的实际问题能否解决，以什么态度解决，解决到什么程度，都直接影响和决定着学生对党的情感亲疏、对社会的好恶评价、对学校的热爱与否，甚至于对自己的人生选择。解决思想问题的"理"只有与解决实际问题的"情"结合起来，才能为学生所喜闻乐见，因此，要坚持管理育人、服务育人，把思想教育与大学生日常的学习、生活管理结合起来，与服务学生结合起来，既教育人、引导人，又关心人、帮助人，有利于更好地引导学生正确对待学习、生活、情感和就业等方面的问题，及时化解各种矛盾，维护校园和谐、安全与稳定，使学生与学校共同成长和发展。

我们党的教育方针是培养德、智、体全面发展的具有创新精神和实践能力的社会主义事业的建设者和接班人。这是对高校人才培养的性质和目标的方向性、原则性的规定。高校辅导员的工作内容就是根据这一要旨提出的，是根据高校辅导员长期以来的工作实践总结出来的。高校辅导员的工作内容是一个完整的有机的体系，做好教育、加强指导、严格管理、服务学生，它们相互衔接、相互补充、相互影响、相互作用。辅导员只有认真履行自己的职责，全面地、完整地理解和实践自己的工作任务和内容，才能很好地发挥自己的服务和保证作用，促使学生全面成才和健康发展。

第四节　新时代高校辅导员工作的创新方法

新时代为高校学生工作带来了新的机遇，也带来了一系列新的挑战。新时代的背景主要体现在全球化与现代化的融合、中国特色社会主义进入新时代、社会智能化等方面，基于这样的时代背景，高校辅导员要创新工作方法，做好"思想指导、心理疏导、智能向导、能力主导"，即以习近平新时代中国特色社会主义思想为指导，强化心理疏导，并运用智能化的手段，以提升辅导员综合能力为着力点全面推进工作。

辅导员的工作方法关系到学生工作质量，进而关系到实现立德树人根本任务的质量。要说大学生在学校中最熟悉的人肯定非辅导员莫属，辅导员的工作表面看起来琐碎、杂乱，也形成了"两眼一睁忙到黑，两眼一闭等电话"等现实状态。辅导员职业的特点就是这样，既是教师队伍中不可或缺的一部分，同时又是学生管理队伍中的基层支柱；辅导员是学生的老师，同时又是学生的知心朋友。正是基于这种信任，我们不仅要管理好学生，更要时刻关心学生的学习生活等一切和学生利益有关的事务。辅导员的日常工作就是在学生的平时生活、学习中点滴渗透，看似微不足道，但却会影响每一个学生的价值观、人生观、世界观，甚至影响他们的一生。党的十九大报告中要求我们要培养社会主义建设事业和民族复兴大业的接班人和后备军，新的时代给高校辅导员提出了新的要求和任务，如何创新工作方法，更加及时有效地做好新时代背景下的辅导员工作是我们必须要思考的问题。新时代辅导员需要做好学生教育管理等基本的工作，同时，还应与时俱进地进行工作创新，但不能为了创新而创新，而要在深入分析当前的时代背景和学生的现实情况，要放在立德树人的根本任务的维度进行创新。

一、高校辅导员传统工作方法

辅导员的常用工作方法有调查研究法、交流沟通法。此为辅导员工作的基本方法，工作方法的创新离不开对传统工作方法的进一步把握。

1. 调查研究法

作为辅导员应充分了解学生的思想状况、生活情况、学习状态等，首先应通过学生的生活学习材料以及调查取得的家庭资料等，对该名学生的整体情况进行把握，提高日后工作的针对性。所谓具体问题具体分析，只有经过调研之后，才能认识事物本质，提高工作效率，以及取得更好的工作效果。

2. 交流沟通法

交流沟通法是高校辅导员运用恰当的沟通方式与学生进行交流，以帮助学生健康成长的一种工作方法。辅导员在工作过程中，应善于运用这一方法，提高沟通技巧。沟通方法包含说服性沟通、个别谈话等方式，在说服性沟通过程中，辅导员首先应注意工作态度不可太强势，同时应事先做好充分论证，这样才可提升说服性沟通效果。在个别谈话时，辅导员要保证内容和方法的准确性，从不同角度明确学生身心发展状况，事后也应做好材料整理工作并进行情况跟踪。

二、辅导员创新工作方法的时代背景分析

高校辅导员身处学生管理教育的最前沿，是影响学生教育的第一道屏障，是一线的教育工作者，更是高校一切学生管理工作的基层主体和坚强基石，因此，辅导员工作当之无愧可以说是学生管理工作的核心和灵魂。我国目前的高校教育正在由"尖子生教育"向"大众化教育"转化，学生的生源越来越广泛，而这些学生是来自不同地域、不同环境、不同背景的家庭，他们有着不一样的性格、习惯、理念，所以辅导员工作方法不能再停留在千篇一律的本本主义之中，我们需要根据不同的学生适时调整不同的管理方法。面对这些新的情况、新问题、新趋势，我们需要大胆创新，结合实际充分发挥自身的优势，不断深入、细致、创新性地开展学生管理工作。

当前，高校学生工作所面临的时代背景最大的特点就是持续变化世情、国情、社情，而主要的特征是以下三个方面。

（一）全球化与现代化融合

经济、社会、文化、资源等都朝着全球化的方向发展，而形成复杂的网络关系，这样的关系一定程度上是和谐稳定的，但也存在一系列的问题，如全球生态环境、恐怖主义等问题。地球正在变成一个超级地球村，首先是经济全球化趋势正在大步向前跨越，每一个国家都处在这样的大趋势当中。其次是科技全球化带来的巨大影响，人们的生活正在因为科技飞速发展而带来的史无前例的变化，所有国家都在努力成为这场科技革命的主导者，我们也不能例外。这些全球化带来了一系列的好处，但是同时我们也应该看到它们所带来的各类棘手的问题正在充斥着我们的生活，正在试图腐蚀着当代大学生群体。其中，最值得关注的当然是思想领域的问题，各种思潮在全球范围内的激荡，在西方国家一定范围内的人类中心论、消费至上论、科技万能论等问题。有部分学生开始沉醉于享受，开始陶醉于自己对自己的设计，沉迷在自我的小天地里无法自拔。他们中有些开始出现集体主义意识淡薄，重索取、重利益、重享受、重功利等和社会主义价值观极其不相符的思想观念。还有特别是拜金主义、享乐主义等思想也对中国大学生产生了一些影响。这些腐朽的思想正在侵蚀着当下大学生们的思想，这不得不引起我们的重视。全球化与现代化融合是多维的，将不断呈现一些新的形态，需要高校学生工作者科学研判和积极应对。

（二）中国特色社会主义进入新时代

党的十九大作了一个重大判断就是中国特色社会主义进入了新时代，这是"承前启后、继往开来、在新的历史条件下继续夺取中国特色社会主义伟大胜利的时代，是决胜全面建成小康社会、进而全面建设社会主义现代化强国的时代，是全国各族人民团结奋斗、不断创造美好生活、逐步实现全体人民共同富裕的时代，是全体中华儿女勠力同心、奋力实现中华民族伟大复兴中国梦的时代，是我国日益走近世界舞台中央、不断为人类做出更大贡献的时代。"中国特色社会主义正在大踏步进入新时代，这在我们中华民族的历史上、中华文明的发展史上都是史无前例的，是具有重大时代意义的时期。中国进入社会主义新时代，对于全世界的社会主义国家来说是一个优秀的、成功的榜样，因此，在全世界的人类发展史上也是浓墨重彩的一笔。作为新时代背景下的辅导员，我们要时刻牢记祖国对我们的重托，时刻不忘人民对我们的殷切希望。如何把新时代的大学生培养成为能够参与到国家和世界的伟大建设事业中，如何把自己的个人理想信任和国家、民族的前途命运联系在一起，如何在国家的发展中实现自我的人生价值，这些都是我们需要思考和面对的问题。时代正在召唤我们，时代赋予我们这群新时代的辅导员新的历史任务，我们将在未来的日子里，继续把祖国和人民交给我们的时代重任扛在肩上。这个时代需要广大大学生更加坚定"四个自信"，特别是强化对时代特性的认识，主动适应引领新时代，为推进中国特色社会主义现代化建设而努力奋斗。

（三）社会智能化

当前，大学生面临的一个时代性背景是社会智能化。现代信息技术快速发展，社会的各个层面都呈现出智能化的倾向，可以说智能化已经无处不在、无时不有。这是一个人人都是自媒体的时代，新媒体的影响无处不在，它正在深刻地改变着人们的生活习惯和生活方式，它改变了人与人之间的沟通方式，甚至颠覆了传统的交流。社会智能化对高校的影响也是翻天覆地的，高校正在新科技新媒体的影响下改变以前传统的教学、管理、校园生活、学生娱乐方式等。对于教来说，我们从以前的黑板教学变成了现在的多媒体和自媒体相结合，线上教学与线下教学相融合的教学方式。对于学生管理来说，我们从以前的徒步查夜、一一清点学生人数，变成了现在的自媒体终端打卡、签到。校园生活也因此更加丰富了，学生在课间、课后不仅仅是运动、玩耍，还可以反复复习课上的内容，可以对老师进行在线提问和咨询。大学生的学习、生活也越来越离不开智能化的载体，甚至一定程度上也形成了智能化思维。但是，同时我们也应该看到智能化是把双刃剑，为大学生的成长成才提供了新的平台，但有部分大学生形成智能化依赖，甚至沉迷于网络之中，以至于影响学习与成长。这就对智能化背景下的辅导员提出了新的要求，我们需要转变以前的老旧观念，开始学会摆脱以前的传统教育模式和管理方法。我们要学会利用新智能、新科技、新媒体来管理学生，不断努力提高自己的新媒体素养，紧紧把握住新时代的特点，并在这个基础上继续开拓创新管理方法,以良好的、正确的姿态来迎接新时代的到来,为了学生更好地在智能化的校园里成长成才。

三、新时代辅导员创新工作方法的具体路径

大学生正处在破茧成蝶的关键时期,站在人生的十字路口思考自己该何去何从,对于即将步入社会的他们来说难免会迷茫、彷徨、不知所措。在世界格局风云变幻的今天,在社会发展日新月异的今天,在新时代已经到来的今天,怎样教育大学生更好地去适应新时代,怎样把大学生培养成为时代和社会需要的人才?这些都是摆在我们面前的问题。对于学生本人来说,可能是当局者迷,他们身处这样的环境下,自己很有可能会意识不到自己的处境,可能会在这个环境中一直徘徊、惆怅,这时候就需要一位人生的导师来指导他们前进,高校辅导员作为学生最直接面对最近距离接触的老师,是他们日常学习生活当中经常会第一个想到求助的人。学生管理工作是高校正常运行的重要前提之一,学生是学校的主角色,学校的大部分工作都是围绕学生而展开的。因此,学生的管理对于高校来说是其他一切工作能够正常开展的首要因素,作为学生辅导员的我们,毫不犹豫地要承担着学生的管理工作,我们不仅要管好他们的学习,还要管好他们的生活,不仅要管好课上的时间,还要管好课下的时间。学生工作千头万绪,作为辅导员面对新时代的召唤和要求,只有坚持以马克思主义为指导,听从党的指挥,理论联系实际,不断创新工作管理方法,才能在社会主义建设中找准方向,才能为实现中华民族伟大复兴的中国梦输送更多有用的人才。新时代辅导员创新工作方法是以实际问题为导向的,但也有一些共性的东西,特别是要加强思想指导、心理疏导、智能向导、能力主导等方面。

(一)新时代辅导员工作要重视"思":将习近平新时代中国特色社会主义思想贯穿到辅导员工作的全过程

坚持以马克思主义为指导,把习近平新时代中国特色社会主义思想贯穿于辅导员工作全过程。高校辅导员的身份是大学生的思想政治辅导员,最主要的任务是做好学生的思想政治工作。大学生是明日之星,正如毛泽东主席所说的那样"你们是早上八九点钟的太阳",他们富有激情和朝气,将来还要成为时代的栋梁之材,还要承担起国家建设的任务,为实现中华民族的伟大复兴而贡献自己的力量,因此,对于这群学生的教育是重中之重。但是,同时我们应该看到大学生自身特点和不足,他们正处在人生的价值观、人身观、世界观塑造的阶段,此时他们虽然已经成年,但是心智和身心尚未完全成熟,所以很容易受外来的不良因素的影响,很容易被带上歪路,作为辅导员的我们任务非常艰巨。我们肩上担负着传播马克思主义的任务,我们是在为我们党和国家培养有力的接班人,为了中国特色社会主义事业培养接班人,为了实现中华民族的伟大复兴培养接班人,所以,必须要把学生思想工作做好,在他们的思想政治上严格把关。帮助他们树立正确的价值观、人生观、世界观,把学生的思想集中到和党中央保持高度一致上来,帮助他们增强"四个意识",坚定

"四个自信",做到"两个维护",更好地为党和国家服务。

做好意识形态工作是当前工作的一个重点。世界局势风云变幻,很多敌对外国势力分裂和渗透我们国家的心不死,西方部分资本主义国家试图以不同的方式对我们国家进行文化渗透、思想渗透、宗教渗透、经济封锁等。一方面,大学生们虽然年龄已经满18岁,但是身心却都还处于尚未完全成熟的上升成长期,他们对外界事物了解不多,对外界的是非对错判断能力有限,对社会现象的看法存在片面化。另一方面,他们遇到问题容易激进不理智,控制不住自己的情绪,容易受他人左右,有从众心理等,所以大学生是部分敌对势力最容易盯上的群体之一,他们试图通过潜移默化的方式,对我党和我们国家的这些接班人和后备军进行渗透,妄图对他们进行洗脑,想从根本上破坏我国社会主义事业建设的进程。因此,辅导员就要发挥自身的优势和作用,结合当前形势,结合新时代背景特点,教育学生把自己的前途、理想同国家的命运紧密结合在一起,深深扎根在人民群众当中,牢牢树立为人民服务思想,忠于人民、奉献祖国。

(二)新时代辅导员工作要关照"心":强化大学生的心理健康辅导

大学生们刚从高中走来,刚从父母的监督下走出来,有些学生觉得没人那么严格地管理自己了,终于自由了,终于可以做自己以前想做而不敢做的事了;有些不适应大学生活;有些不善于交友沟通交流;有些不适应宿舍集体生活。基于以上心理,有些学生开始叛逆、自我封闭、暴力、沉迷游戏、深陷网络、不思进取、撒慌骗人、小偷小摸等,甚至走向犯罪的深渊。这个阶段的学生开始自己有了主见,开始随意地做自己想做的事情,他们可能还没有考虑清楚自己这么做的后果是什么,还没意识到自己已经离一个合格的大学生越来越远,还没意识到自己的思想和心理都已经发生了变化。

大学生们来自不同家庭,成长和生活环境都不同,在行为、习惯、思维模式等方面都有很大的不同,因此在处理相同问题的时候也会有不同的方式,同学之间常常会因为一些很小的事情而造成大错,从而引发悲剧。当年的"马加爵案""药家鑫案""李启铭案",现在的"李心草案"等等,这些活生生的案例都说明了大学生这样的天之骄子也会不经意就跌入罪恶的深渊,让学校、家庭乃至整个社会都感到震惊和极度惋惜。高校要定期开展有针对性地广泛而有效的心理讲座,建立校园心理健康咨询中心。当代的大学生不再是处在封闭的笼子里被动地接受知识,他们思想前卫、视野广阔、反映剧烈、自我关注度高,也喜欢关注社会,对于社会上、媒体上披露和报道的一些社会关注度高的法律事件,往往会成为他们讨论和议论的焦点。对于在校园象牙塔的学生们来说这是好事,这是他们走向社会的必经阶段,也是慢慢适应社会的渠道。然而他们也是一群心智尚不成熟、心理接受程度还很低的学生,在判断问题、分析问题时,喜欢无边的论事,缺乏客观地、辨证的眼光,这样就会出现一些不恰当的,甚至是偏激的言论和思想,这些思想如果得不到及时的纠正,就会在他们心理埋下隐患,行为就会走向另外一个极端。从现实生活中发生的事件来看,他们常常会单方面的夸大一些社会事件的负面效应和影响因素,假如当他们看到社会上不断出现个别领导干部贪污腐败、生活堕落、以权谋私、任人唯亲等违法犯罪的案件时，特别是当看到个别地方的司法审判机关有裁决不公的现象时，往往会产生非常悲观和消极的情绪，就会开始片面地对我们的法治状况失去信任、丧失信心，如果不及时得到调整和纠正，就有可能会转化成为违法犯罪。

因此，作为辅导员的我们，把学生引上正道，把他们塑造成一个个身心健康的、党和国家需要的人才是我们义不容辞的责任。辅导员首先要从自身入手，调整好自己的心理、情绪、思想，以身作则，为人师表。其次辅导员要不断提高自己的洞察能力，对学生的言语、行为都要用敏锐的洞察能力，及时发现他们的异常情况。平时要不断加强与学生的沟通，在日复一日的沟通交流中取得学生的信任，和他们建立深厚的感情，学生就会把自己的想法及时告诉辅导员。这样一来，思想还处在萌芽阶段的时候，在很多事故在还没开始实施的时候，就能都及时得到制止。发现了学生的问题，我们就能够找到解决的办法，及时疏导，正确引导，及时有效科学地给予学生帮助。辅导员还要教会学生如何正确地进行自我情绪调节，建立一个良好地健康心态，构建属于自己的健康人际关系交友圈。培养他们的受挫折、抗打击的能力，结合老师、学校、家庭一起为学生构建起一个健康的正能量的环境，让学生在这样的环境中学习、生活。这样才能让学生在健康、有序、和谐、正能量的环境中健康成长，不断进步，早日成长为党和国家需要的人才。

（三）新时代辅导员工作要运用"智"：运用智能化的手段推进学生工作

新时代辅导员要与时俱进，发挥好新媒体在学生工作中的作用。2019年第44次中国互联网发展状况统计报告显示：截至2019年6月，我国网民规模达8.54亿，比2018年增长了2598万，而其中使用手机上网的比例由2018年年底的98.6%增加到99.1%。进入中国特色社会主义新时代，也进入了网络高度发展的新时代。这个网络高度发展的时代，人人都是自媒体，每个学生都可以发表自己的言论，他们可以从网上随时了解自己想要的信息。

智能化的校园是学生的天堂，也是辅导员的新助手。新媒体时代背景下，网络的发展以及覆盖率正在以惊人的速度发展，大学生正是这个时代潮流的引领者，而作为他们的辅导员的我们也不能落后，我们要紧跟时代的步伐，紧跟网络新媒体的发展，不断提高自身的能力和水平。说到提高新媒体时代下的能力和水平，就不得不再次对辅导员的综合素养的提高提出跟高的要求。我们要改变过去一成不变的思路，站在新时代的背景下，充分发挥自身优势，利用好新媒体，把学生管理工作从传统的人对人管理模式转变为智能化管理的新模式中来。

在这样的大环境下，辅导员如何跟上学生的步伐，如何更好地教育好学生？最好的办法不是改变学生的生活交流方式，而是与时俱进。辅导员要充分利用在学生中普及率很高的微信、QQ、微博、校园公众号、学校小程序等新媒体来管理学生，管理班级。科学技术特别是智能化不断发展，作为高校辅导员的我们应该跟上时代的步伐，运用这些先进的技术和方式，更好更快更便捷的和学生进行沟通，不断提高自己的工作效率。这既是新时代对我们的要求，也是学生对我们的期望。

（四）新时代辅导员工作要提升"能"：提高辅导员的综合素质

新时代辅导员要做到政治过硬、业务精湛，更好地立德树人。高校辅导员就像是一艘轮船的船长，船上坐满了学生，要想更好地掌握好这艘船前进的方向，就要先从自己着手。作为学生的思想政治工作辅导员，首要任务要做好教育好他们的思想，建立正确的思想政治观念，所以，我们自己要做到政治过硬，业务精湛。辅导员要从培养中国特色社会主义接班人的高度来要求自己，在思想上行动上坚决同党中央保持高度一致，增强"四个意识"、坚定"四个自信"，做到"两个维护"。辅导员工作是一项考验职业者综合能力的崇高任务，它需要我们这群思想政治教育工作者在工作中能够发挥的个人魅力，结合自身能力来促进大学生综合能力的形成，对学生的个人能力提高、思想观念转化、价值观的形成起到关键性的作用。

打铁还需自身硬，辅导员工作是一项任务艰巨的工作，一言一行不仅影响着学生现在的言行，甚至关乎他们以后的成长。说到底，辅导员自身的能力和综合素养直接关乎学生的成长成才，影响他们三观的形成，甚至会影响学生的一生。因此，作为辅导员，要倍感任务艰巨，责任重大，学生的思想教育工作任重而道远，只有不断提高政治站位，提高业务能力，加强自身的综合素质，才能做到为人师表，更好地立德树人。

新时代有新要求，为谁培养人，培养什么样的人，怎样培养人，这是新时代对我们的提问。2018年教师节，习近平总书记在全国教育大会上指出："培养一代又一代拥护中国共产党领导和我国社会主义制度、立志为中国特色社会主义奋斗终生的有用人才。"这是对历史的回答，也是对辅导员的要求，作为高校辅导员，作为人民教师，要时刻牢记总书记和人民的重托，做好学生的思想政治工作，做好学生的引路人，为中国特色社会主义事业的建设打好人才基础，为实现中华民族伟大复兴输送更多优秀的人才。我们要从这个时代所特有的要求以及大学生个人的健康成长、成才、发展需要的高度来积极做好学生管理工作，在思想上、行动上都能体现奋发的精神，真正成长为一代有理想、有文化、有道德、有纪律的新时代人才。展望未来，当代大学生必将大有可为，也必将大有作为。实现中华民族伟大复兴的"中国梦"，正是当代青年大学生最重要的历史使命。青年兴则国家兴，青年强则国家强。让大学生们有能力全过程深度参与到实现"两个一百年"奋斗目标的征程中，青年学子成长成才、建功立业的舞台空前广阔，同时也迫切需要青年学子自觉立大志、干大事，将自己的个人发展和国家民族的未来结合起来，在实现中国梦的伟大实践中创造自己的精彩人生。

第三章 高校辅导员队伍建设的基础理论

高校辅导员队伍建设作为一项特殊的社会实践活动，有其内在的理论品质和运行规律，需要不断归纳、总结和凝练。加强对高校辅导员队伍建设的内涵解析和理论探讨，是推进高校辅导员队伍建设的立足点和出发点。

第一节 高校辅导员队伍建设的含义

关于高校辅导员队伍建设，目前学术界还没有一个公认的定义。这从某种意义上讲，是新时期高校辅导员队伍建设在理论研究方面存在不足的具体表现。为此，探讨高校辅导员队伍建设含义、明确队伍建设目标、把握队伍建设的原则、研究队伍建设内容和创新队伍建设途径，是加强高校辅导员队伍建设理论探索的逻辑起点，也是加强高校辅导员队伍建设的内在要求。

一、高校辅导员队伍建设含义的演变

为了科学界定高校辅导员队伍建设的含义，有必要对辅导员队伍建设含义的演变进行系统的研究。对相关政策和理论文献进行研究，关照新时期高校辅导员队伍建设的现实境遇，借鉴并汲取其研究的理论成果，是探索并定义高校辅导员队伍建设的基础环节。

（一）党和国家政策文件关于高校辅导员队伍建设含义的表述

改革开放以来，与高校辅导员队伍建设的政策文件较多，但都没有对高校辅导员队伍建设的含义进行明确界定。不过，目前关于高校辅导员队伍建设的相关政策文件蕴含了高校辅导员队伍建设的含义，对科学界定高校辅导员队伍建设含义具有重要价值。

改革开放以来，关于高校辅导员队伍建设的文件主要有《关于加强高等学校思想政治工作队伍建设的意见》《关于进一步加强高等学校学生思想政治工作队伍建设的若干意见》《教育部关于加强高等学校辅导员班主任队伍建设的意见》以及《普通高等学校辅导员

伍建设规定》等。这些文件根据当时高等教育改革发展的状况和学生培养的需要，有针对性地提出了高校辅导员队伍建设的对策、措施和方法，有效推动了各个时期高校辅导员队伍建设，满足了当时大学生成才和高校发展与稳定的需要，充分体现了党和国家在不同时期对大学生思想政治教育的高度重视和对高校辅导员队伍的真切厚爱与关注。通过对相关政策文件的分析，高校辅导员队伍建设集中表现为对高校辅导员队伍素质、能力与职责要求以及建设过程中的配备选聘、培训培养、管理考核、发展保障等方法措施层面的论述，具有较强的时效性、导向性和可操作性。文件虽未明确提出高校辅导员队伍建设的含义，但是各项方法措施对于分析探索高校辅导员队伍建设的含义具有重要的指导意义。通过对文件的分析研究，我们可以从对策的角度或者说从人力资源管理的角度对高校辅导员队伍建设予以定义。高校辅导员队伍建设，就是指通过配备选聘、培训培养、管理考核、发展保障等措施，促进辅导员队伍整体或个体素质和工作水平不断提高的社会实践活动。该定义是基于高校辅导员队伍建设运行过程或建设的措施、方法层面而言的，有其合理、科学的一面，但是还不够全面深刻，带有一种自上而下的、依靠组织推动才得以加强的意蕴，因此需要继续从理论的层面进行研究。

（二）学带界对于高校辅导员队伍建设含义的贡献

改革开放以来，理论界和学术界对高校辅导员队伍建设并未从学术上、理论上进行科学的定义。但关于高校辅导员队伍建设的既有理论研究成果为高校辅导员队伍建设含义的探讨奠定了坚实的理论基础。

1984年，上海市高教局主编的《高等学校学生思想政治教育》指出，政治辅导员队伍"需要各个方面的关心和培养，才能成为政治上、思想上、作风上都合格的干部队伍，随后从"思想建设、组织建设、业务指导和贯彻党的有关政策"[⑦]四个方面进行了科学论断。这是改革开放以来关于高校辅导员队伍建设含义最早的阐释。1988年，王汝昌等主编的《政治辅导员工作概论》同样强调了政治辅导员队伍的思想建设和业务建设。1997年，阳春如等主编的《高校政治辅导员工作概论》中提出了政治辅导员的自身队伍建设，在分析政治辅导员加强自身建设必要性的基础上提出了"坚持学习、加强实践和解剖自己"三条主要途径。这一观点首次突破了高校辅导员队伍建设只是仅仅依靠组织推动的思维模式，将辅导员队伍本身视为高校辅导员队伍建设的主体，这是理论上的一大突破。虽然之后关于高校辅导员队伍建设的学术专著不断涌现，但是关于高校辅导员队伍建设含义的阐释却十分鲜见，并未有更大的突破和超越。随着高校辅导员队伍专业化、职业化和专家化建设逐渐成为辅导员理论研究的热点之后，有学者指出辅导员队伍专业化建设就是"依据辅导员的职责任务要求，以及承担的'大学生健康成长的指导者和引路人'的重大使命，依托专门机构及终身培训、学习、训练体系，对辅导员进行科学的管理和培养，增强职业情感，实施专业自主，促进专业发展，培育专业伦理，提高教学科研水平，提高专业地位与声望，全面有效地履行辅导员职责，引导辅导员向专家化方向发展的过程"。这一论述从专业化的角度进行了定义，对辅导员队伍建设含义的解析变得更加丰富和完整，内容更加清晰和明了，是研究辅导员队伍建设含义的一大突破，但表述上显得略为冗长和复杂，需要继续深入研究。

在学术论文和硕博论文方面，直接论述辅导员队伍建设含义的几乎没有，仅有两篇硕博论文，从学术的视角对高校思想政治教育队伍建设的含义进行了探索。由于高校辅导员队伍是大学生思想政治教育工作队伍的重要组成部分，因此，对思想政治教育工作队伍含义的分析有助于启迪高校辅导员队伍建设的含义研究。有学者指出，"大学生思想政治教育队伍建设，就是指根据大学生思想政治教育的目标和要求，遵循思想政治教育规律和人才成长规律，对大学生思想政治教育队伍中的人员个体和群体，进行选拔、培养和管理，使之达到适应和满足大学生思想政治教育工作需要的目标的过程。"有学者基于高校思想政治教育管理队伍结构分析，借鉴管理学的有关知识，指出，"高校思想政治教育管理队伍建设是指高校组织系统为实现思想政治教育管理目标和完成思想政治教育管理任务，依据高校思想政治教育管理的客观要求和人才成长规律，通过科学管理手段的各种功能，有意识地运用高校系统内外的有效资源，最大限度地实现高校思想政治教育管理队伍的群体结构和个体结构优化的过程"。两者均将队伍建设视为过程，有其可取的一面。

上述对高校辅导员队伍建设含义理论研究的回顾与分析，为我们深入研究高校辅导员队伍建设的含义理清了思路，指明了方向，奠定了基础。

二、高校辅导员队伍建设的含义解析

分析和探讨新时期高校辅导员队伍建设的含义，需要对高校辅导员的含义进行必要的分析，才能更好地厘清高校辅导员队伍建设的含义。

（一）高校辅导员的含义

通过对《关于进一步加强和改进大学生思想政治教育的意见》、教育部《普通高等学校辅导员队伍建设规定》等政策文件和与辅导员相关的理论文献的研究，并结合高校辅导员工作实际，笔者认为，高校辅导员，是指在高校党委领导下，在院系一线从事大学生日常思想政治教育和管理工作，以提高大学生的思想政治素质和身心素质、促进大学生全面发展、推进高校发展以及维护高校稳定为目的，具备较高专业素质的在编从业人员。具体分析如下：

首先，从高校辅导员组织属性的角度分析。高校辅导员是"在高校党委领导下开展工作"。与国外学生事务管理者（Counselor）相比，我国高校辅导员具有鲜明的中国特色，深深烙上"思想政治教育"的属性。我国高校人才培养的本质要求就是要培养中国特色社会主义建设事业的建设者和接班人。从这个意义上讲，设置高校辅导员是党和国家巩固党的群众基础和执政根基的重要举措。

其次，从高校辅导员工具属性的角度分析。高校辅导员的工作是"在一线开展大学生日常思想政治教育和管理工作"。根据《普通高等学校辅导员队伍建设规定》，辅导员是"高校学生日常思想政治教育和管理工作的组织者、实施者和指导者"。大学生思想政治教育是一门科学，既需要系统的思想政治理论课的课堂教育，又需要通过实践活动将思想政治教育的理论知识转化为大学生理想信念和行为取向。这就好比自然科学除了专业课堂教学之外，还需要学生走进实验室进行实践操作，才能更好地获取科学文化知识一样。改革开放以来，部分高校曾一度存在着轻视或忽视思想政治教育的倾向，认为辅导员工作含金量不高，作用价值不大，以至于全社会关心、支持大学生思想政治教育的合力尚未形成。实际上，高校辅导员是大学生思想政治教育主阵地的核心力量。从这个角度讲，高校辅导员是高校思想政治理论教学中的实验课教师，在大学生思想政治教育的价值实现中扮演着不可或缺的重要角色。

再次，从高校辅导员价值属性的角度分析。高校辅导员主要通过开展大学生思想政治教育和日常管理工作提高大学生的思想政治素质和身心素质，服务于学生的专业学习和学校的发展与稳定。

一是高校辅导员能帮助大学生在复杂多变的现实环境中健康成长、顺利成才。随着改革开放的不断深入、国际国内形势的深刻变化，大学生的生活受到了深远的影响。高校辅导员长期生活在一线、工作在基层，与大学生保持了亲密的接触和紧密的联系，可以及时了解和掌握学生的思想动态和行为举止，通过发挥辅导员的专业特长与技能，可以有针对性地实施因材施教、分类指导，有效解决大学生学习生活中的困难，为大学生的健康成长铺平道路。

二是高校辅导员能对大学生的成长产生潜移默化的影响。由于高校辅导员与青年学生接触时间最长、交往最多，辅导员的工作态度、行为举止、人格魅力无不对大学生产生最为直接的影响，可谓"一个好的辅导员会影响一批学生的未来"。相反，如果高校辅导员工作不深入、不到位，不仅会影响学生当前的学习和今后的发展，而且会诱发或激发学生对辅导员的不满情绪，进而很可能转化为对学校、对社会的不满。从这个角度讲，高校辅导员是学校的一张珍贵的"名片"，其工作效果会产生一定的"马太效应"，这对于促进学校的发展、维护学校和社会的稳定具有举足轻重的作用。

三是辅导员有助于推动学校发展，维护学校稳定。辅导员通过开展深入细致的教育、管理与服务工作，促进大学生全面发展，对于实现高校人才培养的功能做出了积极的贡献。当前大学生思想活动的独立性、选择性、多变性和差异性日益增强，辅导员工作的基层性使辅导员能够第一时间了解学生的思想动态和行为举止，将一些可能潜在的隐患扼杀在摇篮之中，维护学生安全和学校稳定。因此，高校辅导员具有较强的价值属性，不可或缺且不可代替。

最后，从高校辅导员职业属性的角度分析。高校辅导员是通过从事复杂的体力和脑力劳动，获取一定的薪酬，以维系和满足自身或家人生存发展需要的一种职业。从这个角度讲，辅导员应当是高校内部通过劳动获得社会地位和政治地位的有固定收入的从业人员。"辅导员是高等学校教师队伍和管理队伍的重要组成部分，具有教师和干部的双重身份"已经得以明确。那种随便什么人都能胜任辅导员工作的观念正在高等学校改革发展进程中被逐步扭转。专职为主、专兼结合的高校辅导员队伍的建构模式已成时代主流。这一职业不再是可有可无，而是广大辅导员值得终身从事、大有可为的理想职业。一类职业理应有其特有的专业门槛和职业准入体系。当前，以思想政治教育为主的相关专业应作为职业准入内在的专业底线。思想政治教育是一门科学，只有从业人员具备了开展大学生思想政治教育的理论基础，才能更好地胜任其本职工作。

（二）高校辅导员队伍建设的含义

高校辅导员队伍建设，是指高校等有关组织遵循辅导员成长及其职业发展客观规律，通过提高思想认识、加强领导管理、改进方法措施等组织推动和自身能动，提高辅导员素质，优化队伍结构，增强其育人功能的有意识的社会活动。该定义包含以下几个要点：

一是明确了高校辅导员队伍的建设者。这既包含了高校辅导员队伍建设三个层面的组织——国家、地方等高等教育主管部门和高等学校，又包括高校辅导员队伍自身。之所以强调国家、地方等高等教育主管部门，是因为从宏观的层面上讲，国家教育主管部门是高校辅导员队伍建设的立法机构，具有决策、导向和监督的重要职责。地方教育主管部门是高校辅导员队伍建设中介于国家和高校之间的纽带，负有宣传、组织并实施国家关于高校辅导员队伍建设政策的功能，同时应兼具向上反馈、建议，对下指导、监督等作用。高校是辅导员队伍建设最直接的组织者、实施者，是辅导员队伍建设的执行层。国家、地方的各项政策能否正常落实，关键在于高校，同时高校也是辅导员队伍建设最直接的受益者。根据主体间性理论，高校辅导员队伍自身也是队伍建设的主体，只有充分发挥辅导员自身的主观能动性，才能更好地发展自己，进而推动队伍整体素质的全面提高。

二是提出了高校辅导员队伍建设应遵循的基本原则。高校辅导员队伍建设应遵循辅导员成长及其职业发展客观规律。从微观层面讲，高校辅导员队伍建设就是为了提高辅导员个体的素质和能力，促进辅导员全面发展。辅导员的培养教育，既遵循人才培养的一般规律，又有其内在的本质要求和特殊的职业发展要求。从宏观层面讲，辅导员队伍建设要从思想、组织、制度和能力等方面加以建设，以提升辅导员素质和能力，不断满足和适应大学生思想政治教育的根本需要。因此，加强辅导员队伍建设就应当按照辅导员自身需求和工作实际，有针对性地实施培养和教育，这就需要按照辅导员的成长及其职业发展的客观规律采取有效措施。

三是提出了高校辅导员队伍建设的措施、方法和途径。组织推动，需要建设主体转变思想观念、提高思想认识，高度重视辅导员队伍建设，为其提供政策导向、制度保障、人力支撑和经费支持等。同时，组织需要采取有效措施解决辅导员队伍建设中选拔、培训、发展、管理、支撑和评价等环节中存在的实际困难，有效推动辅导员队伍建设。自身能动是指高校辅导员在组织推动的背景下，需要充分发挥自身的主体性，按照建立学习型组织和学习型社会的根本要求，自觉主动地结合辅导员工作的实际需要，进行自主学习、自我开发和自我超越，不断提高大学生思想政治教育和管理的能力及工作水平。组织推动和自身能动两者相辅相成，共同作用，才能更好地促进辅导员队伍素质的整体提高。组织推动是外因，是新时期加强和改进大学生思想政治教育的必然要求，是辅导员队伍建设得以实现的核心要素。自身能动是内因，辅导员在组织推动的前提下，唯有将辅导员工作视为自己生命的一部分，作为一项可以终生从事的事业来对待，才能更好地扮演好辅导员角色，从而自强不息、奋发进取。

四是明确了高校辅导员队伍建设的目的。加强辅导员队伍建设的目的是提高辅导员素质，优化队伍结构，增强其育人功能。其中，提高辅导员自身素质是队伍建设的基本要求，没有辅导员个体素质的明显提高，就无法实现队伍结构的优化，增强育人功能便无从谈起。优化队伍结构是辅导员队伍建设的关键环节，结构决定功能，合理的队伍结构是辅导员个体功能价值最大化的基本保证。增强辅导员队伍的育人功能是辅导员队伍建设的根本目的。要通过队伍建设提高辅导员的素质和能力。在优化队伍结构的基础上，辅导员能够更好地发挥大学生思想政治教育和管理的育人功能，更好地促进大学生的成长成才和全面发展。

五是指明了辅导员队伍建设是一项有意识的社会活动。活动由目的、动机和动作构成，具有完整的结构系统，而过程是指事物发展所经过的程序。辅导员队伍建设是一项复杂的系统工程，有特定的目标、原则、内容、方法以及对策和措施，从建设的运行程序上讲，包含了队伍的选拔、培训、发展、管理、支撑和评价环节，共同组成了队伍建设的开发体系。由此可见，高校辅导员队伍建设更侧重于有意识的实践活动，而不是一个简单的建设过程。有意识的社会活动阐释了高校辅导员队伍建设的利益关系。加强高校辅导员队伍建设能够实现高校、辅导员队伍和大学生多方共赢的良好局面。因为，学校投入辅导员队伍建设将促进辅导员队伍素质能力的提高，增强育人功能，提高人才培养质量。人才质量的提高反过来又将推动高校的发展。

六是整个定义关照了核心"建设"的本质意蕴。"遵循辅导员成长及其职业发展客观规律"需要在坚持与时俱进的基础之上补充高校辅导员队伍建设的相关内容，比如随着网络技术的发展，一些关于辅导员队伍建设新的制度或政策将不断扩充和创建。同时，"素质提高""结构优化"和"增强育人功能"回应了"从无到有的创建"以及"对已有对象的补充、完善、巩固和提高"的基本含义。

第二节　高校辅导员队伍建设的目标

紧密结合党的教育方针和高校人才培养的根本要求，不断满足高校辅导员队伍成长和发展的内在诉求，应当明确高校辅导员队伍建设的目标。高校辅导员队伍建设的目标，是指采取有效措施，建设一支数量充足、结构合理、素质过硬、效益突出的辅导员队伍，以满足一定时期内大学生日常思想政治教育和管理工作需要，以及能够为推进高校改革与发展、维护高校和社会稳定做出巨大贡献的辅导员队伍。

一、数量充足

数量充足，就是高校等辅导员队伍建设组织通过切实采取有效措施，严格按照教育部的规定，配满配足一线专职辅导员，适量补充兼职辅导员，以保证队伍成员在数量上能满足正常开展大学生日常思想政治教育的现实需要。教育部关于1：200的师生比是经过国内思想政治教育专家和教育部等领导共同研究得出的科学论断，具有一定的科学性和合理性，是当前和今后一段时间内专职辅导员数量配备的红线。

随着高等学校自主办学权力的日益加强，高校领导、人事部门和学生工作部门应该根据教育部《普通高等学校辅导员队伍建设规定》中一线专职辅导员师生比1：200的要求配备辅导员，以保证高校辅导员队伍的人员数量。当前，部分高校辅导员人员数量配备不足，既不利于高校对青年学生的培养和教育，也不利于高校辅导员自身健康发展，是对大学生成长和辅导员队伍发展重视不够的表现。因此，高校领导应从党和国家关于人才培养质量的战略高度和以人为本的辅导员队伍建设理念，高度重视高校辅导员队伍的配备，并采取有效措施补充新的人员，以满足教育部对辅导员队伍配备的基本要求。

保证高校辅导员的数量需要明确以下内容：第一，教育部在配备比例中强调的是"一线专职辅导员"的比例是1：200，而非辅导员，如果是辅导员与学生的比例应当大于1：200的比例。第二，高等学校应充分考虑本校学生群体的实际情况，根据教育对象的学科差异合理设定高校辅导员的岗位编制。一般而言，由于重点本科院校、普通本科院校和高职高专院校的学生素质存在一定的差异，应依次减少辅导员负责的学生人数，适当增加辅导员的编制；比如，应适当减少艺体类等专业的辅导员负责的学生数量。第三，兼职辅导员应作为对专职辅导员队伍的补充。"专兼结合、以专为主"的辅导员队伍建制模式已成为辅导员队伍建设的时代主流。兼职辅导员主要是由高校专业教师、职能部门教师或返聘离退休教师组成，由于现在高校教师工作压力、学习压力和科研压力都相对较大，离退休老师的体力有限，兼职辅导员在某种层面上不能全身心地投入到大学生日常思想政治教育和日常管理工作之中。因此，兼职辅导员不适宜负责太多的学生，高校应在考虑办学成本的情况下设置必要的兼职辅导员，但是一般情况下，兼职辅导员负责的学生人数不应超过100人。

确保辅导员的数量，关键是解决编制的问题。因此，各省市和高校在制定高校辅导员队伍发展规划之际，应使辅导员的数量需求与学校学生发展规模相适应，科学设置辅导员岗位，保证辅导员队伍的数量能满足辅导员队伍建设和大学生日常思想政治教育和管理工作的需要。

二、结构合理

高校辅导员队伍结构，是指队伍内部全体成员的性别、年龄、学历、专业、职称等个体要素特质排列、组合与搭配的逻辑关系、运动方式和存在形态。高校辅导员队伍结构直接影响其功能发挥，关系到高校人才培养的效果和质量。优化高校辅导员队伍结构，既需要在高校辅导员队伍建设的过程中通过科学的选拔、系统的培训和科学的管理等措施加以改善，同时又需要辅导员充分发挥自身的主体性，不断提高思想道德素质、专业知识素质和身心素质，以保证辅导员队伍的性别、年龄、学历、专业、职称等结构的科学性和合理性。

1. 性别结构

高校辅导员队伍性别结构从范围上讲，主要是包括国家、省市和高校三个层面男女辅导员的比例和相互关系。相对而言，男性和女性之间在生理、心理和智力等方面各具优势，因此组建一支性别结构合理的辅导员队伍能更好地发挥辅导员队伍的育人功效。优化高校辅导员队伍的性别结构，需要在分析现有队伍男女比例的基础上，在选聘辅导员时将性别作为选拔指标之一，通过对新进辅导员男女比例的控制，逐步调整和优化辅导员队伍的性别结构。一般情况下，辅导员男女比例应控制在4:6之间较为适宜。但这一范围还需根据学校性质、教育对象男女比例和便于开展大学生日常思想政治教育和管理工作的实际需要进行适当调整。

2. 年龄结构

年龄结构，是指辅导员队伍中不同年龄阶段人员之间的比例构成和相互关系。年龄不仅是辅导员生理和心理素质成熟的重要标志，也是评价辅导员经验和能力的重要参数，它关系到辅导员队伍的功能发挥和协调发展。一般情况下，年长的辅导员见多识广、经验丰富、办事稳重，但是由于生理成长规律的制约，与中青年辅导员相比，他们在体力、精力、接受新事物和工作创新等方面略显不足。年轻辅导员易于接受新鲜事物、勇于创新、精力旺盛，但是存在人生阅历肤浅、工作经验欠缺、思想不稳、办事易冲动等不足。中年辅导员更多的是集两者的优势于一身，是高校辅导员队伍中的中坚力量。根据人才学的基本观点，"合理的年龄结构，应该是一个具有老、中、青合理比例的梯形模式"①。优化高校辅导员队伍的年龄结构，需要形成一支老中青数量比例依次递增的辅导员队伍，形成一个三角形的年龄结构模式。其中，老年辅导员应发展成为队伍的核心领军人物，占少数；中年辅导员应成为队伍的骨干力量，数量居中；青年辅导员应成为队伍的生力军和先遣部队，数量居多。充分发挥三者各自的优势和特长，既有利于大学生成长成才，又有利于辅导员个体成长进步和队伍可持续发展。

3. 学历结构

学历结构，是指高校辅导员接受正规教育的年限和层次，具体包含了专科及以下、本科和研究生学历结构。相对而言，高学历、高学位的辅导员更有利于高校人才培养。因为，高学历高学位的辅导员接受事物快、创新意识强、科研能力强，能让大学生产生一种学术和知识上的敬畏，有助于开展辅导员工作。优化高校辅导员队伍的学历结构，既需要在辅导员招聘中提高辅导员学历学位方面的职业准入门槛，着力引进高学历高学位的毕业生，又需要通过继续开展辅导员攻读硕士学位、博士学位等学位提升计划加以改善。高校辅导员应在组织推动的作用下，紧紧抓住继续学习和深造的机会，充分发挥自身主观能动性，在专业知识、学历学位方面能有新的突破和质的飞跃。合理的学历结构，应是研究生学历的辅导员为主导，其中，具有思想政治教育相关专业博士学位的辅导员应占有一定的比例，硕士学位辅导员居于主流位置，本科学历的辅导员比例逐步减少。随着高等教育事业的发展，专科生将逐渐被淘汰。现实之中，高校辅导员队伍的学历学位结构受高等学校的性质、地理位置、经济收入和政策保障等因素所影响。因此，优化辅导员队伍的学历学位结构，需要高等学校加大投入，营造良好的外围环境，通过吸纳人才和继续教育等途径加以改善，逐步优化辅导员队伍整体的学历学位结构。

4. 专业结构

专业结构，是指高校辅导员个体最高学历专业背景之间的差异在队伍中所表现的组合比例。由于社会分工和经济结构的细化，不同专业和学科之间的分化与相互融合日益显著。由于种种历史原因，高校辅导员队伍的专业结构极其复杂，不同专业背景的辅导员从某种意义上讲，或许有利于对不同专业学生的学业指导，但复杂多样的专业背景恰恰也是高校辅导员队伍专业化、职业化和专家化发展的瓶颈所在。根据高校辅导员的工作职责和时代使命，高校辅导员主要承担着大学生日常思想政治教育和管理的责任。因此，合理的专业结构应是以思想政治教育及其相关专业为主体，其他相关学科专业背景的人员作为队伍的有益补充的建构模式。

一方面，具有思想政治教育相关专业背景的辅导员比例太小，不利于队伍建设和高校人才培养。职业成熟的重要标志之一就是拥有专业的科学知识体系。囿于当前没有专门的辅导员学或辅导员工作学等学科专业，思想政治教育相关专业无疑是教育、培养和生产高校辅导员人才队伍最佳的"孵化器"。高校辅导员主要从事日常大学生思想政治教育和管理工作，"思想政治教育是一门科学"，非思想政治教育相关专业的辅导员势必在思想政治教育基础理论的知识储备、思维模式、行为方式上与思想政治教育专业相关学科背景的辅导员存在较大的差距，影响大学生思想政治教育工作的有效开展，影响育人效果。这就好比让一个人文社会科学专业背景毕业的学生去从事高等数学、大学物理教学一样，效果可想而知。

另一方面，复杂多样的专业背景降低了高校辅导员队伍的社会地位，削弱了辅导员队伍自身的职业认同。目前，很多高校在辅导员准入机制上还没有对从业人员的专业背景做出明确的要求，无论什么专业背景的高校毕业生都能从事辅导员工作，无形之中降低了辅导员的准入门槛，给人以辅导员工作是什么人都能胜任的职业假象，是忽视或轻视思想政治教育的一种表现形式，降低了高校辅导员队伍的社会地位。当然，为便于有效指导学生的专业学习和学生科技活动，可以选拔少数与学生学科专业相对应或接近的辅导员，作为以思想政治教育为核心的辅导员队伍的有益补充，亦未尝不可，但比例不宜太高。

为此，高校在选拔、聘用辅导员时必须关注从业人员的专业背景，将思想政治教育相关专业作为职业准入的关键考核指标。同时，依托具有思想政治教育专业硕士点和博士点的高校，进一步加强思想政治教育相关专业第二学位、硕士学位和博士学位教育培养力度，继续为辅导员队伍朝着思想政治教育专业发展提供政策、平台、时间和后勤保障，逐步改善和优化高校辅导员队伍的专业结构。

5. 职称职级结构

高校辅导员队伍的职称职级结构，是指对辅导员个体的素质能力、学术科研、业绩贡献等按照一定的评价标准进行等级层次划分，在队伍整体中所呈现的比例结构。一般而言，高校辅导员队伍的职称结构应包括教授、副教授、讲师和初级等职称结构，以及处级、副处级、科级及以下等行政职级结构。当今社会，辅导员队伍的职称、职务是衡量其能力水平、彰显其自身价值和社会地位的重要标志，关系到辅导员队伍的薪酬待遇和发展稳定。

原则上，一所高校内，辅导员的职称职级结构的比例应基本与该校专业教师职称职务结构的平均水平相当，才能体现对辅导员队伍应有的尊重和肯定。优化高校辅导员队伍的职称职务结构是保证队伍稳定和解决辅导员队伍可持续发展的重要途径，是激励高校辅导员自强不息、奋发进取的不竭动力，对于提高辅导员队伍的政治地位、经济收入和社会认同度以及培养高校辅导员队伍的核心领军人物都具有极其重要的现实意义。当前，不少高校缺少教授级辅导员，鲜有副教授级辅导员，讲师及以下的占了绝对比例，这显然不利于辅导员队伍的建设和发展。因此，高校应在坚持以人为本、尊重知识、尊重人才、尊重劳动、尊重创造的前提下为高校辅导员创造改善职称职级评定的政策和环境，逐步造就并增加具有较高层次职称职级的辅导员，不断优化辅导员队伍的职称职务结构。

三、素质过硬

素质过硬，是指高校辅导员队伍自身的思想政治素质、专业知识素质和身心素质能较好地满足和胜任大学生日常思想政治教育和管理工作的实际需要。辅导员队伍素质过硬是队伍建设的核心所在，其素质直接关系到青年学生培养的质量和效果。加强高校辅导员队伍建设，需要辅导员具备过硬的思想政治素质、扎实的专业知识素质以及和谐健康的身心素质。

1. 思想政治素质过硬

过硬的思想政治素质是新时期高校辅导员开展工作的充要条件和内在的职业要求。高校辅导员队伍的思想政治素质，主要包括思想素质、政治素质和道德素质。其中，思想素质是先导，政治素质是核心，道德素质是保障，彼此相互促进，相互制约。

首先，思想素质过硬。辅导员的思想素质主要是指辅导员的世界观、人生观和价值观以及辩证的思维方式的内在综合，是辅导员开展大学生日常思想政治教育和管理的本质基础和行为先导。作为以马克思主义为指导思想的社会主义国家，我国高校辅导员队伍的思想素质过硬，就是要求辅导员能够正确运用辩证唯物主义和历史唯物主义的基本观点，认识世界和改造世界，为其有效开展辅导员工作提供正确的思想观念和行为意识。其中，世界观总是处于最高层次，对理想和信念起支配作用和导向作用；同时世界观也是个性倾向性的最高层次，它是人的行为的最高调节器，制约着人的整个心理面貌，直接影响人的个性品质。世界观决定辅导员的人生观和价值观。人生观是对人生的意义和目的的根本观点。作为高校党委领导下开展工作的辅导员，应坚持把无产阶级和人民群众的集体利益放在首位，把大公无私、舍己为人、全心全意为人民服务视为人生的根本意义和价值，把实现社会主义和共产主义理想视为人生最高的目标。价值观是指一个人对周围客观事物（包括人、事、物）的意义、重要性的总评价和总看法，一方面表现为价值取向、价值追求，凝结为一定的价值目标；另一方面表现为价值尺度和准则成为人们判断价值事物有无价值及价值大小的评价标准，它属于个性倾向性范畴。毛泽东指出："代表先进阶级的正确思想，一旦被群众掌握，就会变成改造社会、改造世界的物质力量。"因此，高校辅导员必须具备比一般人更加过硬的思想素质，通过各项工作的开展和与青年学生的朝夕相处，以自身科学、正确的思想影响和熏陶青年学生。

其次，政治素质过硬。政治素质是辅导员作为一个政治角色，对自己所承担的政治义务和所享受的政治权利的理解、把握、反映和行动等情况的总和，说到底是辅导员政治意识和政治行为的统一。辅导员制度作为当今中国高等教育所特有的一种制度，是执行党的教育方针的重要保障，这既是巩固国家政权的有效措施，又是人才培养的重要保证，是高校辅导员队伍存在的价值所在。江泽民同志指出："我们讲的政治，是马克思主义的政治，是建设中国特色社会主义的政治……讲政治包括政治方向、政治立场、政治观点、政治纪律、政治鉴别力、政治敏锐性。"因此，高校辅导员必须具备正确的政治方向、坚定的政治立场、科学的政治观点、严明的政治纪律，在意识形态领域内始终保持良好的政治鉴别力和政治敏锐性，正确引导青年学生健康成长。理论上成熟是政治上成熟的基础，需要广大辅导员自觉主动地学习贯彻中国特色社会主义理论体系，在中共中央、国务院《关于进一步加强和改进大学生思想政治教育的意见》等政策文件的指导下，自觉同党中央保持高度一致，坚决执行和贯彻党的路线、方针、政策。牢固思想防线，辅导员应在国际交流交融交锋中始终坚持中国共产党的领导，增强文化自觉和文化自信，坚持马克思主义在意识形态领域的指导地位，用社会主义核心价值引领时代主旋律；正确认识、理解改革发展中存在和面临的突出困难及潜在风险，自觉维护党和国家的尊严威信，共同维护高校和社会的稳定，风清气正地团结和引领广大青年学生，永远跟党走，不断增强其爱国主义、集体主义精神，坚持中国共产党的领导、坚持社会主义、共产主义理想信念。

最后，道德素质过硬。道德是社会意识形态之一，是依靠社会舆论、人们的内心信念和传统习惯来调整个人与个人、个人与集体、集体与集体之间关系的行为准则和规范的总和。"国无德不兴，人无德不立。"胡锦涛同志在全国优秀教师代表座谈会上，对全国广大教师提出了"四点希望"，要求广大教师要"爱岗敬业、关爱学生，刻苦钻研、严谨笃学，勇于创新、奋发进取，淡泊名利、志存高远"，就是希望广大教师要注重师德修养。事实上，良好的道德素质是高校辅导员构建和谐人际关系的前提，也是有效开展工作的基础。一方面，高校辅导员要与学校教职员工保持交流与沟通，获悉大学生学习、生活等方面的信息。另一方面，辅导员与大学生朝夕相伴，能够对大学生实施有效的隐性教育。辅导员道德素质的核心就是教书育人、立德树人，通过言传身教，充分发挥自身的道德示范作用，塑造和净化青年学生的灵魂，让大学生在耳濡目染中得到熏陶，接受教育。辅导员要满怀对青年学生的无限关爱，树立崇高的职业理想和坚定的职业信念，把全部精力和满腔真情献给教育事业，关心每一位学生的成长进步，以真情、真心、真诚教育和影响学生，对学生施以最生动、最具体、最深远的教育。

2. 专业知识素质扎实

专业知识素质是高校辅导员有效实施大学生日常思想政治教育和管理工作的理论锐器，是推动辅导员队伍专业化发展的重要基础和保障，决定着辅导员的工作质量、发展效益和人生价值。高校辅导员工作的特殊性，需要其具备坚实的基础理论知识、扎实的专业知识和广博的相关知识。

首先，坚实的基础理论知识。马克思主义是我国立党立国的根本指导思想，是社会主义意识形态的旗帜和灵魂，是社会改革、建设和发展的理论武器，也是高校辅导员有效开展大学生日常思想政治教育和管理工作的理论基础。高校辅导员必须系统掌握马克思主义基础理论、毛泽东思想和中国特色社会主义理论体系等基础理论知识，用科学的理论武装头脑，不断巩固马克思主义在意识形态领域的指导地位，团结和引领广大青年学生建设中华民族共有精神家园，在青年学生中形成统一的指导思想、共同的理想信念、强大的精神支柱和基本的道德规范，巩固广大青年学生团结奋斗的共同思想基础，凝聚起推进现代化建设和民族复兴的强大力量。辅导员要通过系统深入的学习，坚持以马克思主义为指导，整合和引导社会思潮和文化追求，正确把握文化发展方向，最大限度地形成思想共识，凝聚人心，形成建设中国特色社会主义的巨大动力。坚定中国特色社会主义共同理想，就能使全国人民、全体中华儿女汇成振兴中华的滚滚洪流，使中华民族伟大复兴的道路越走越宽阔。大力弘扬民族精神和时代精神，就能不断丰富中华民族团结奋进、自强不息的精神内涵，激励全体人民为振兴中华努力奋斗。要旗帜鲜明地宣传和倡导社会主义荣辱观，在全社会形成知荣辱、讲道德、守法纪、促和谐的文明风尚，为中国特色社会主义事业提供强大的思想道德支撑。新时代，扎实的理论知识，还体现在对习近平新时代中国特色社会主义思想的学习、理解与运用上，深刻理解"八个明确"和"十四条基本方略"。只有根据青年学生不同特点分类进行教育引导，汇集全民智慧和力量，全面推进社会主义核心价值体系建设，才能使之真正融入人们的思想观念，成为行为规范，发挥实际作用。因此，高校辅导员只有深刻领会和运用党和国家关于教育、科技、人才等的政策指导自己的实践工作，自觉主动地运用社会主义核心价值观引领时代风尚，才能在意识形态领域始终保持清醒的头脑和正确的方向。

其次，扎实的专业知识。辅导员缺少专业学科的支撑是一个不争的事实，虽然有人主张建立辅导员学，但是当前思想政治教育专业无疑是辅导员开展工作最有力、最核心的专业知识。那种主张以学生事务管理、心理辅导或职业规划等取代思想政治教育的主张是错误的，现实中辅导员事务性工作过分挤占大学生思想政治教育的做法是危险的。事实上，辅导员工作必须以大学生日常思想政治教育为核心，这是党和国家赋予高校辅导员最为重要的历史使命，其他各项工作都只是辅导员开展大学生日常思想政治教育的必要补充和手段。坚持理论与实践相结合、运用科学理论指导实践是教书育人的根本原则，因此，辅导员必须系统扎实地掌握思想政治教育学科的专业知识，如思想政治教育史、思想政治教育学原理、思想政治教育方法论和思想政治教育管理学等专业基础知识。除此之外，辅导员还要与时俱进，及时了解和掌握当前思想政治教育领域发展的前沿问题，积极开展调查研究，将专业知识淋漓尽致地运用到学生的教育、管理与服务之中。

最后，广博的相关知识。我们说思想政治教育专业知识重要，但是并不排除其他相关知识对辅导员科学文化素质的有益补充，素质良好的辅导员必须具备广博的相关知识。一方面，辅导员工作内容的复杂性、教育对象的多样性、社会环境的多变性需要辅导员一专多能，只有这样才能更好地教育、管理和服务青年学生，才能胜任辅导员工作。另一方面，思想政治教育学本身是一门多学科交叉的应用型学科，它广泛吸收了与思想政治教育学有着密切联系的教育学、管理学、心理学、社会学和伦理学等相关学科的理论成果，开展大学生思想政治教育势必需要相关学科知识的有益补充。知识渊博的辅导员对学生有着天然的震撼作用，会全面激发青年学生对辅导员的敬畏之心、效仿之行，因此，除临近的相关学科知识以外，辅导员还应对经、史、法、美、文等学科知识有所了解。再一方面，坚持思想政治教育与业务工作相结合是辅导员开展工作的一项基本原则，与学生建立共同的话语体系是拉近师生关系的必要准备。因此，辅导员不仅要较为熟练地掌握教育对象所学的专业知识，而且还要具备一定的媒介素养和网络运用的知识。

高校辅导员从事的是一项系统性、综合性、专业性都很强的工作，没有良好的专业知识素质是无法正常开展各项工作的。因此，辅导员需要积累丰富的理论知识、扎实的专业基本功和广博的学科相关知识。

3. 健全的身心素质

世界卫生组织（WHO）对健康的定义是"健康是生理、心理和社会的健全状态，而不只是没有疾病"。对高校辅导员而言，健康素质主要包括了身体、心理和卫生等方面内容。辅导员工作是一项复杂的体力劳动，又是一项复杂的脑力劳动。辅导员需要以健康的身体素质和良好的心理素质为依托，才能更好地完成辅导员工作的神圣使命。

一方面，健康的身体素质。健康的身体素质是指人类各项生理机能和谐相处，各项生理功能可以正常运作，是思想政治素质和科学文化素质的载体，是人类其他各项素质的基础。由于当前高校辅导员工作职责界限模糊，导致辅导员工作压力大、工作时间长。加班加点的作需要健康的体魄、旺盛的精力。只有拥有健康的身体素质，才能充分施展辅导员的思想政治素质和科学文化素质，发挥立德树人的育人作用。

另一方面，良好的心理素质。心理素质是指人在感知、思维、观念、情感、意志、兴趣等多方面心理品质上的修养，它是一个内容非常广泛的概念，涉及人的性格、兴趣、动机、意志、情感等多方面的内容。良好的心理素质是高校辅导员的必备条件，也是开展大学生日常思想政治教育不可或缺的心理准备。辅导员要在与青年学生相处的现实生活之中，以敏捷的思维、积极的心态、稳定的情绪、丰富的情感、和蔼的性格、高雅的气质、明确的自我意识、广泛的兴趣爱好和坚强的意志品行对待生活和工作，影响、感化学生，才能游刃有余地应对各种纷纭复杂的学生工作。知识经济时代的到来加快了现代人生活的节奏，要立足于竞争激烈、信息爆炸的现实社会，高校辅导员承受着来自各个方面的挑战和压力。工作中时常会遇到学生意外事件，偶尔会遭到领导的责难、同事的误会、学生的误解，生活中也可能会遇到经济拮据、爱情失意、情感受挫等现实问题，这都需要辅导员以良好的心理素质应对和破解。

第三节　高校辅导员队伍建设的原则

原则是指说话、行事所依据的准则。高校辅导员队伍建设有其独特的内在规律和基本原则。在新的时代背景下，应该坚持以人为本、统筹兼顾、实事求是的原则，全面推进高校辅导员队伍建设。

一、以人为本的原则

坚持以人为本的原则，是指在高校辅导员队伍建设的全过程中，将辅导员作为建设的出发点和最终归宿，尊重辅导员的主体价值，满足辅导员的根本利益，促进辅导员的全面发展，实现辅导员与高校的共同发展。坚持以人为本是辅导员队伍建设的根本价值取向和核心所在，需着重提高辅导员队伍建设的思想认识。

1. 尊重高校辅导员的主体价值

坚持以人为本，必须尊重高校辅导员的主体价值，提高辅导员队伍建设的思想认识。高校辅导员队伍是大学生思想政治教育的主体之一，关系到青年学生健康成长成才，对于促进高校改革和发展具有重要的价值。辅导员队伍建设者要充分肯定和高度认可辅导员的社会价值和育人作用，自觉将加强高校辅导员队伍建设统一到中央的决策上来，转变思想认识、创新体制机制，采取有效措施，着力提升辅导员的素质能力，提高其工作水平，增强育人效果。高校辅导员的劳动贡献关系到如何培养人、培养什么人和为谁培养人，关系到我国现代化建设的后继者。因此，需要避免只重视科研、教学等硬实力建设，削减人文、思想等文化软实力投入，只重视科研、教学队伍建设，轻视辅导员队伍建设等不良倾向。高校辅导员队伍建设者要提高思想认识，"要时刻把人民群众的安危冷暖放在心上，深怀爱民之心，恪守为民之责，善谋富民之策，多办利民之事，倾听群众呼声，关心群众疾苦，为群众办实事、办好事"。

高校的核心职能是人才培养，大学生是高校存在和发展的根本保障。占据高校绝对人数的大学生是高校改革、发展和稳定的基石。"维护高校稳定，推动高校改革、发展，各地各校思想政治工作者功不可没，特别是广大辅导员更是付出了心血和汗水。"随着我国改革开放的不断深入，世情国情党情发生了深刻变化，对大学生的生活方式、思维范式都产生了很大的影响。广大辅导员在高校党委的领导下，长期身居一线、躬耕基层，与大学生朝夕相处，是大学生的"温度计"和"传感器"。高校辅导员通过耐心教育，将党和国家的精神及时传达给青年学生，让青年学生在思想和行为上与党中央保持高度一致。辅导员通过悉心管理，将各种潜在的隐患扼杀在摇篮之中，为青年学生创造和谐的成长空间。通过真心服务，及时将党和国家的温暖送给青年学生，使其共享改革开放成果，促使大学生更加忠于党的领导。江泽民同志指出："一个政权也好，一个政党也好，其前途命运最终取决于人心向背，不能赢得最广大人民的支持，就必然垮台。"高校亦然，高校正是通过辅导员队伍的辛勤工作、无私奉献，紧密团结、凝聚和引领青年学生，才能杜绝和避免各种风险和危机，为促进高校改革和发展提供和谐的政治环境。

尊重辅导员的主体价值就是要尊重辅导员的劳动成果和社会价值，提升辅导员的社会认同，满足辅导员的客观需求，保障辅导员的切身权益。要像重视学术骨干一样重视辅导员的选拔、培养和发展，让其干事有平台、生活有保障、发展有空间。应始终关注辅导员的需求，关注他们的生活世界和精神世界，把辅导员的工作实际与发展诉求作为制定政策的依据和重要内容。应注重辅导员的个性化发展，给他们独立发展的自由空间，尊重辅导员的独立人格、需求、能力差异，用人性化的标准对辅导员进行全方位评价和考核。要全面激发和调动辅导员的主动性、积极性和创造性。

2. 满足高校辅导员的根本利益

利益是关系范畴，指的是人与人之间对需求对象的分配关系，是人类社会发展的最终动力。从哲学上讲，利益是利益主体对客体价值的肯定，它反映客体满足主体的某种需要。坚持以人为本，必须满足高校辅导员的根本利益，协调高校辅导员的利益关系、满足其物质和精神方面的需求。要提高辅导员生活质量和幸福指数，不断实现好、维护好、发展好广大辅导员的根本利益。

要协调高校辅导员的利益关系，尊重辅导员的合法权利。马克思指出："这种共同利益不是仅仅作为一种'普遍的东西'存在于观念之中，而首先是作为彼此有了分工的个人之间的相互依存关系存在于现实之中。"处理好利益关系，是高校辅导员队伍建设的根本和保障。马克思指出："人们为之奋斗的一切，都同他们的利益有关。"正确处理好辅导员的利益关系是辅导员潜心教书育人的原动力和队伍建设的根本要求。强调以人为本，需要坚持历史唯物主义的基本立场和观点，需要摒弃中国古代的民本思想和西方的人本主义、个人利益至上思想，我们既要鼓励和提倡辅导员无私奉献、甘于淡泊，又不能以牺牲辅导员正当的合法的利益为代价。尊重辅导员的社会价值和主体地位，要按照"发展为了人民、发展依靠人民、发展成果由人民共享"的利益原则，去满足辅导员的物质和精神生活的客观需要。广大辅导员要正视自己的工作价值和重要作用，正确处理个人利益与他人利益、社会利益的关系，按照社会主义共同理想的基本要求，更加自觉地追求进步、提升自我，更大限度地发挥大学生思想政治教育的育人作用，用实际的行动证明自我，赢得社会的肯定和认同。

要满足高校辅导员的物质需求，提高辅导员的生活质量。毛泽东强调："马克思列宁主义的基本原则，就是要使群众认识自己的利益，并且团结起来，为自己的利益而奋斗。"尊重高校辅导员的主体价值，是因为辅导员在人才培养，促进高校改革、发展和稳定做出了积极的贡献，取得了显著的成绩。在坚持按劳分配的原则下，应当满足高校辅导员的物质利益，"高等学校要根据实际，将辅导员、班主任的岗位津贴等纳入学校内部分配体系统筹考虑，确保辅导员、班主任的实际收入与本校专任教师的平均收入水平相当。"马克思指出："为了生活，首先就需要吃喝住穿以及其他一些东西。因此第一个历史活动就是生产满足这些需要的资料，即生产物质生活本身。"函他还指出："人首先必须吃、喝、住、穿，然后才能从事政治、科学、艺术、宗教等。"因此，需要不断满足辅导员正当的物质需求，提高其生活质量。学校还应制定相应政策，加大对高校辅导员队伍建设人力、财力和物力的投入，加强辅导员的培养培训和对外交流，提升辅导员的素质能力；根据辅导员的任职年限和工作实绩确定相应级别的行政待遇和职称聘评，确保辅导员发展有空间。同时，在住房问题、办公条件等方面应加大投入，为辅导员的工作生活提供必要的保障，不断提高辅导员的生活质量。

应满足高校辅导员的精神诉求，提高辅导员的幸福指数。坚持以人为本，必须关注高校辅导员的精神生活和幸福指数。要体现社会主义的人道主义和人文关怀，满足人们的发展愿望和多样性需求。一方面，要加强高校辅导员的科学文化知识教育。高校辅导员队伍建设者要充分认识"只有了解人类创造的一切财富以丰富自己的头脑，才能成为共产主义者"。不断加强高校辅导员队伍的组织文化建设，营造辅导员队伍发展的良好环境，发挥辅导员的聪明才智，增强组织凝聚力、向心力，培植共同的理想信念。另一方面，要着力提升辅导员的思想道德素养。思想道德是精神文明建设的灵魂，是"经济工作和其他一切工作的生命线"，决定着我国社会主义精神文明建设的性质和方向，对社会的政治经济发展具有巨大的能动作用。当前，需要以社会主义核心价值观和宏伟中国梦统领辅导员队伍的思想道德建设，"努力在全社会形成统一的指导思想、共同的理想信念、强大的精神力量和基本的道德规范"。要坚持马克思主义指导思想，将其作为统领辅导员思想、行为的灵魂、指导思想和精神旗帜，坚持中国特色社会主义共同理想；坚持以爱国主义为核心的民族精神和以改革创新为核心的时代精神。以社会主义荣辱观为行为准绳，帮助辅导员树立正确的世界观、人生观和价值观，历练意志、汇聚力量、振奋精神，使其以满腔的热情和对党和人民的无限忠诚，敬岗爱业、潜心育人，全心全意地为学生服务，将自身价值实现与人才培养、高校以及社会改革、发展和稳定紧密联系，实现个人和社会的共同发展。

3. 促进高校辅导员全面发展

高校辅导员队伍建设坚持以人为本，就是坚持人的自然属性、社会属性和精神属性的辩证统一，以尊重、关心、理解和支持辅导员事业的发展为基础，重视辅导员自身的成长和全面发展。

马克思在《资本论》中指出，代替资本主义的未来社会是一个"更高级的、以每个人的全面而自由的发展为基本原则的社会形式建立现实基础"。同时在《共产党宣言》中指出，"在那里，每个人的自由发展是一切人的自由发展的条件"。辅导员作为提高大学生人才培养，促进高校改革、发展、稳定的一支不可或缺的重要力量，应当具有"自由而全面"发展的权利和条件。由此可见，马克思主张每一个人都无可争辩地有权全面发展自己的才能，任何人的职责、使命、任务就是全面地发展自己的一切能力，更好地实现自由而全面的发展，而不是"每一个人都只能发展自己才能的某一方面而偏废了其他各方面"。因此，加强高校辅导员队伍建设，应将目光聚焦在辅导员自身的发展之上。需要通过组织培训提高辅导员的素质能力，创新体制机制为辅导员发展营造良好的环境，搭建发展平台，提供发展空间，从而"使社会的每一个成员都能完全自由地发展和发挥他的全部才能和力量"，从而"保证他们的体力和智力获得充分的自由的发展和运用"。

纵观高校辅导员队伍工作的现实境遇，还不同程度地存在着队伍缺编、辅导员工作时间长、劳动强度大、心理压力重等现实问题，高校辅导员全面发展的条件缺乏。应积极倡导"给每一个人提供全面发展和表现自己的全部能力即体能和智能的机会"。因为人的全面发展是经济社会发展的根本目的，离开了人的全面发展，经济社会发展就失去了目标和动力。当前，高校辅导员超负荷的工作显然是以牺牲其自我利益为代价的，难以实现"成为自己本身的主人——自由的人"，有违"发展为了人民、发展依靠人民、发展成果由人民共享"的根本宗旨。事实上，只有在所有人为了大家也为了自身全面的发展而进行劳动和创造的条件下，为了社会所有成员的全面发展的经济基础和社会基础才能建立起来。所以，只有不断促进高校辅导员的全面发展，才能通过发挥他们的聪明才智和独特的人格魅力对大学生进行思想政治教育、管理和服务，让他们在自我约束、自我设计、自我创造中实现职业价值。

二、统筹兼顾的原则

统筹兼顾的原则，就是在高校辅导员队伍建设中要坚持总揽全局、科学筹划、协调发展的建设准则。坚持在党的领导下，不断加强高校辅导员队伍建设的组织领导，使高校辅导员队伍建设能够全面、协调和可持续发展。

1. 统揽全局

统筹兼顾是坚持科学发展观的根本方法，是高校辅导员队伍建设必须遵循的行为范式。高校辅导员队伍建设是一项系统工程，关系到不同的利益主体，涉及方方面面，需要按照统筹兼顾、全面协调的原则加以建设。统筹兼顾就是要把辅导员队伍纳入高校人才队伍开发之列，辅导员队伍建设主体要从高校发展的战略全局和人才培养的战略高度，用全面的而不是片面的、联系的而不是孤立的、发展的而不是静止的观点对待高校辅导员队伍建设。正确把握当前辅导员队伍建设中存在的突出问题，客观分析存在问题的内在原因，在科学发展观的指导下积极探寻辅导员队伍建设的措施和方法，不断满足辅导员队伍的切身利益。在统筹兼顾的原则下，优化辅导员队伍结构、提升辅导员队伍素质、增强辅导员队伍能力，促使辅导员队伍健康和谐地发展。要把辅导员队伍建设与学校教学、科研队伍建设放在同等重要的位置，统筹规划，统一领导，处理好专任教师、管理人员与辅导员的关系，努力形成大学生思想政治教育的合力。

2. 科学规划

规划就是指制订比较全面的、客观的和长远的发展计划，是对未来整体性、长期性、基本性问题的思考并设计未来行动的具体方案。为此，高校在辅导员队伍的选拔、配备、培养和退出等方面应有基本的、统筹的指导方针、战略目标和总体部署，要有条不紊、系统地推进。科学规划就是让广大辅导员深刻认识到"工作有平台、生活有保障、发展有空间、事业有方向"，这不仅有利于高校教师队伍建设的整体推进，而且可以使广大辅导员看到自身职业发展的美好前景,科学规划自己的职业生涯,有助于激发广大辅导员的工作热情和昂扬斗志,增强育人效果。

3. 协调发展

科学发展观的第一要义是发展,"发展才是硬道理"是中国共产党历史经验的总结。高校辅导员队伍建设应坚持协调发展,既关注眼前的现状,又要着眼于未来的发展;既要关注世界或全国范围内高校辅导员队伍建设的情况,又要认识本地区、本校辅导员队伍建设存在的不足,坚持可持续发展战略。坚持以高校辅导员队伍专业化、职业化和专家化发展为导向,切实解决好辅导员队伍职业发展中的障碍和瓶颈问题,现实中辅导员队伍的评价考核、激励保障、职称评定和职务晋升必须始终坚持统筹发展指导原则。

三、实事求是的原则

坚持实事求是的原则就是在高校辅导员队伍建设中,从队伍建设的实际对象出发,探寻辅导员队伍建设的内部联系及其发展规律性,全面认识队伍建设的本质。邓小平同志说过:"实事求是,是无产阶级世界观的基础,是马克思主义的思想基础。过去我们搞革命所取得的一切胜利,是靠实事求是;现在我们要实现四个现代化,同样要靠实事求是。"加强高校辅导员队伍建设同样需要坚持实事求是的根本原则。坚持实事求是的原则,需要坚持解放思想、贴近实际、理论联系实际和与时俱进。

1. 解放思想

解放思想是实事求是的前提,加强高校辅导员队伍建设,需要提高思想认识,解放思想、与时俱进地处理辅导员队伍建设和发展中存在的各种问题。邓小平同志指出:"我们讲解放思想,是指在马克思主义指导下打破习惯势力和主观偏见的束缚,研究新情况,解决新问题。"因此,坚持解放思想,就需要克服、避免束缚高校辅导员队伍建设的思想桎梏,按照与时俱进的要求,紧密结合当前党和国家对辅导员赋予的时代使命和殷切希望,按照辅导员自身和辅导员职业发展的内在要求以及青年大学生成长成才的需要加以建设。在不断满足辅导员物质文化需求的同时,使辅导员发挥更好的育人效果。

同时,邓小平同志在《解放思想,实事求是,团结一切向前看》中强调:"一个党,一个国家,一个民族,如果一切从本本出发,思想僵化,迷信盛行,那它就不能前进,它的生机就停止了,就要亡党亡国。这是毛泽东同志在整风运动中反复讲过的。只有解放思想,坚持实事求是,一切从实际出发,理论联系实际,我们的社会主义现代化建设才能顺利进行,我们党的马列主义、毛泽东思想的理论也才能顺利发展。"因此,在高校辅导员队伍建设中必须坚持解放思想,坚持破解影响和阻碍高校辅导员队伍建设的各种不利因素,为高校辅导员队伍建设破除思想上的障碍。

2. 一切从实际出发

一切从实际出发，就是从客观事物存在和发展的规律出发，在实践中按照客观规律办事。一切从实际出发是实事求是的基础，是有效推进高校辅导员队伍建设的根本保证。一方面，高校辅导员队伍面临的工作环境和社会环境发生了显著的变化。辅导员肩负着重要的历史使命，其工作职责和工作内容也在不断增加。随着社会环境的变化，教育对象呈现出鲜明的个性特点，"一些大学生不同程度地存在政治信仰迷茫、理想信念模糊、价值取向扭曲、诚信意识淡薄、社会责任感缺乏、艰苦奋斗精神淡化、团结协作观念较差、心理素质欠佳等问题"。这些变化加大了辅导员的工作强度和难度。随着党和国家对高校辅导员队伍建设越来越重视，专兼结合、以专为主的建制模式需要关注辅导员的发展和出路。当前和今后一段时间，应当按照专业化、职业化和专家化的要求不断加强辅导员队伍建设，以满足辅导员队伍建设和大学生思想政治教育的现实需要。另一方面，需要通过广泛深入的调查研究，掌握当前高校辅导员队伍建设现状。"没有调查就没有发言权"强调的就是要从实际出发。只有通过调查研究，全面准确地掌握高校辅导员队伍建设取得的成绩、存在的不足，为党和国家制定辅导员队伍建设的各项政策提供一手材料，才能有针对性地采取有效措施，不断加强辅导员队伍建设。一切从实际出发，就是要贴近辅导员队伍建设的实际，政策制度的制定要贴近实际，对策措施的实施要贴近实际，做到有的放矢、对症下药。从全国范围讲，各省市、各高校辅导员队伍建设发展不平衡，辅导员的素质能力还存在较大差异。因此，需要按照一切从实际出发的原则，认真学习领会党和国家关于辅导员队伍建设的政策要求，紧密结合自身实际，切实转变思想认识，加大投入力度，采取有效措施，致力于辅导员队伍建设。

3. 理论与实践相结合

理论联系实际，体现了认识与实践相统一、矛盾的普遍性和矛盾的特殊性相连结的马克思主义认识论和辩证法。理论联系实际，是在高校辅导员队伍建设中贯彻实事求是思想路线的根本途径和方法。坚持理论联系实际，就是应用马克思列宁主义的立场、观点、方法，对高校辅导员队伍建设实际进行认真研究，正确地分析研究辅导员队伍建设取得的成绩、存在的困难和问题，从中总结规律，作为行动的向导。需要在调查研究的基础上加强高校辅导员队伍建设的理论创新，用科学的理论指导辅导员队伍建设。

高校辅导员队伍建设是思想政治教育队伍建设最为重要的组成部分，需要运用科学的理论加以指导，为政策制定、对策实施提供理论保障。因此，需要在辅导员队伍建设的历史回顾和现实实践中加以总结分析，探寻适应辅导员队伍建设的理论源泉。加强辅导员队伍建设的理论创新，需要坚持与时俱进的理论品质，敢破敢立，推陈出新。

第四节 高校辅导员队伍建设的内容

高校辅导员队伍建设作为一项特殊的社会实践活动，有其自身内在的建设内容，主要包括思想建设、组织建设、能力建设和制度建设四个方面。需要采取有效措施贯彻落实辅导员队伍建设的各项内容，全面提高辅导员队伍综合素质和工作水平。

一、思想建设

思想是行为的先导，加强高校辅导员队伍建设，其前提是要解决对高校辅导员队伍建设的思想认识问题。只有加强辅导员队伍建设者和辅导员队伍自身的思想建设，才能从根本上实现辅导员队伍建设的目标。

1. 加强高校辅导员队伍建设者的思想建设

高校辅导员队伍建设者是指辅导员队伍建设的主体，包括建设的组织机构和领导人员；从组织层次上讲，主要包括了教育部、省市教育主管部门和高校三个层面。高校辅导员队伍建设者是辅导员队伍发展规划、制度政策等的制定者和落实者，是辅导员工作开展的指引者、辅导员队伍发展的引领者。加强高校辅导员队伍建设者的思想建设，需要高校辅导员队伍的建设者坚持解放思想、实事求是，与时俱进、开拓创新，以人为本、执政为民的建设理念，将高校辅导员队伍建设上升为贯彻落实《关于进一步加强和改进大学生思想政治教育意见》（中发〔2004〕16号）精神和为社会主义现代化培养合格建设者和可靠接班人的人才培养战略高度，重新审视高校辅导员队伍建设的重要性、必要性和紧迫性。高校辅导员队伍建设者应根据高校辅导员队伍建设的现实状况和实际需求，在政策、制度、经费、保障、监督等方面采取有效措施，把高校辅导员队伍建设作为加强和改进大学生思想政治教育过程中的关键环节抓好。

2. 加强高校辅导员自身思想建设

高校辅导员队伍建设需要建设主、客体相互作用和共同努力，才能更好地实现队伍建设的目标和任务。新时期，转变高校辅导员队伍建设者的思想观念，加强高校辅导员队伍建设的组织推动只是高校辅导员队伍建设的外在因素，关键还需要充分发挥高校辅导员队伍自身的主体性。一方面，需要辅导员正确认识自身工作在高校人才培养中的重要价值和现实意义，自觉增强教书育人的使命感和责任感。作为一名在岗在任的辅导员，应当热爱辅导员工作，把学生的发展和进步视为实现自身人生价值的重要阶梯，自觉增强职业认同感和组织归属感。另一方面，需要高校辅导员自觉增强大学生日常思想政治教育和管理工作的能力和水平，通过参加各级培训、申报研究课题和自我学习、自我教育等方式增强自身的理论素养，提升自己的思想道德境界，注重在工作实践中反思总结提高，增强育人本领和工作技能。

（二）组织建设

高校辅导员队伍建设是一项长期的系统工程，需要通过加强组织建设、建立体系完善的高校辅导员队伍建设的组织管理机构，不断优化高校辅导员队伍建设的领导管理体制，加强组织文化建设，营造良好的组织生态环境。

1. 建立高校辅导员队伍建设的组织机构

高校辅导员队伍建设需要通过组织的推动和引领，为其提供宏观的政策导向以及发挥各省、直辖市和自治区教育主管部门的指导和监督力度，充分发挥高校在辅导员队伍建设中各项政策的执行和落实作用。

建立和完善高校辅导员队伍建设正式的组织机构。高校辅导员队伍建设的组织机构是对辅导员队伍建设各项政策的制定、实施进行领导、组织、监督的职能部门，包括国家、地方和高校三个层面。积极建构涵盖国家、地方和高校三位一体的建设格局，为高校辅导员队伍建设提供坚强的组织保障，能够不断增强辅导员的组织归属感，有效激发辅导员队伍工作潜能。建立并完善高校辅导员队伍建设的协会组织是对正式组织的有益补充。它的产生和发展是社会分工的结果，反映了高校辅导员队伍自我服务、自我协调、自我监督、自我保护甚至自我发展的意识和诉求。

2. 优化高校辅导员队伍建设的领导管理体制

传统的高校学生工作模式与新时期高校辅导员队伍工作职责的不断扩张、劳动强度的不断增大之间的矛盾日渐凸显，已经成了高校辅导员队伍专业化、职业化和专家化建设的瓶颈，不利于高校辅导员队伍的组织建设。完善高校辅导员队伍建设的领导管理模式，有助于明确辅导员队伍工作的责权利，更好地开展大学生思想政治教育和管理工作。要在高校辅导员队伍传统的"垂直式、集中式、矩阵式和分类式"等领导管理模式的基础之上，强化辅导员的"双重身份"，加强辅导员的"双重领导"，落实辅导员的"双重待遇"，确保高校党委对辅导员队伍的领导和支持，确保健康发展。优化高校辅导员队伍建设的领导管理体制有利于保持队伍的稳定性、纯洁性，提升其凝聚力、向心力、生命力和战斗力，为进一步提高辅导员队伍的工作质量和工作效率提供坚强的组织保证。

三、能力建设

能力是以人的生理和心理素质为基础，在认识和实践活动中形成、发展的完成某种任务的能动力量，是体力和智力的有机结合、物质和精神的动态统一。从某种意义上说，能力是素质在一定条件下的外显。高校辅导员工作作为高校人才培养的一种重要途径，有其内在、特殊的能力要求，更具工作职责的需要。高校辅导员的能力主要包括学习能力、创新能力、教育管理能力和领导服务能力。

1. 学习能力

高校辅导员的学习能力是指辅导员通过阅读、思考和研究等途径，获取辅导员工作所需要的知识与技能。广大辅导员要在工作和学习中运用已有知识储备，以快捷、简便、有效的方式获取知识、信息，从而改变已有知识结构，提高自身综合素质。新时期高校辅导员工作的职责和内容不断扩展，教育对象的需求日趋多样化，这需要高校辅导员与时俱进，不断通过自我教育、自主学习、自我提高增强育人本领和工作水平，以便更好地胜任辅导员工作。高校辅导员学习能力的强弱直接关系到其工作效果和自身社会地位与声誉。在大力构建学习型社会的时代，高校辅导员必须加强学习，努力弥补和提高大学生日常思想政治教育和管理工作的能力，在教育、管理、服务中做好育人的本职工作。高校辅导员只有通过不断学习，紧跟时代步伐和教育对象的变化节奏，才能科学、有效地培养社会主义的建设者和接班人。通过学习，在自身理论素养不断提高的过程中由事务性辅导员向知识型、能力型和科研型辅导员转变，为辅导员队伍的专业化、职业化发展奠定基础。

2. 创新能力

高校辅导员的创新能力，是指通过调查、分析、实验等研究方法，在理论和实践上从事创造活动的能力。它包括创新意识、创新思维和创新技能等三部分，其核心是创新思维，具体表现为思想理论的重大突破、方式方法的重大创新。对高校辅导员而言，创新能力主要包括理论创新能力和实践创新能力两个方面的内容。在理论创新上，高校辅导员要在具备扎实的科学文化素质的基础上，紧密联系学生工作的客观实际和大学生身心发展的客观规律，对思想政治教育、心理健康教育、职业规划教育和学生事务管理等内容进行探讨，通过课题研究、撰写学术论文等方式，探索新的教育方法和教育规律，在科学理论的指导下开展实践工作，丰富思想政治教育的理论基础，逐步从经验型辅导员向研究型辅导员转变。在实践创新方面，高校辅导员要紧密结合学生的实际需要和学校发展的中心任务，在因材施教、个性化教育的基础上，依托有利的社会资源和个人能力，丰富教育内容、拓展教育渠道、创新教育方法、延展教育阵地，扎实推进大学生思想政治教育和管理工作，增强教育的宣传力和感染力。

学习能力是创新能力的基础和前提，创新能力是学习能力的归宿和价值体现，学习中孕育着创新，创新中蕴含着学习。高校辅导员的学习创新能力是辅导员能力结构中最基层、最本质和最核心的能力，是高校辅导员教育管理能力和服务领导能力能否有效彰显的基础。

3. 教育能力

高校辅导员是教师队伍的重要组成部分，必须掌握相应的教育方法，懂得相应的教育规律，具备相应的教育能力。

教育能力有狭义和广义之分。狭义的教育主要指辅导员根据一定的社会要求，有目的、有计划、有组织地对受教育者的身心施加影响，把他们培养成为社会所需要的人的活动。

事实上，很多高校辅导员承担着形势与政策、心理辅导和职业生涯等课程的教学工作，具有鲜明的政治特性和育人属性，理应归为教师队伍。因此，高校辅导员需要具备必要的课堂教学能力。

广义的教育是指辅导员通过与学生朝夕相处，增进大学生的知识和技能，影响大学生思想品德的活动。高校辅导员与学生朝夕相处，通过开展思想政治教育、心理辅导、职业指导、事务管理等工作，有针对性地开展个性化指导、教育和管理，帮助广大学生树立科学的世界观、人生观和价值观，坚定社会主义共同理想，忠于党的领导和社会主义现代化建设事业，化解青年学生在求学中所遇到的思想困惑、心理困顿和职业迷茫，使青年学生在思想道德素质不断提高的过程中更好地学习科学文化知识，增进知识技能。这些充分证明了高校辅导员的教师身份。

成功扮演教师角色，需要高校辅导员必须具备相应的教育能力。现阶段，高校辅导员的教育能力主要包括教育内容的组织能力、教育过程的控制能力、教育方法的综合能力、教育效果的反思能力以及教育规律的探索能力。

4. 管理能力

管理是组织中维持集体协作行为延续发展的有意识的协调行为。高校辅导员的管理能力是指在高等教育的条件下，辅导员对其所拥有的资源（人力、物力和财力等资源）进行计划、组织、领导、控制和协调，以有效实现人才培养目标的能力。由于工作性质和高等学校的学生工作模式，辅导员工作在很大程度上涉及对青年学生的管理，因此，辅导员必须具备一定的管理能力，方能胜任本职工作。具体而言，高校辅导员的管理能力主要包括决策判断能力、分析鉴别能力、协调沟通能力、执行控制能力和反馈校正能力。

事实上，高校辅导员的教育和管理能力是开展辅导员工作的关键能力，因为在对青年大学生的教育培养中，管理中包含了教育，教育中渗透着管理，两者相辅相成，互为补充。《普通高等学校辅导员队伍建设规定》（教育部令第24号）在配备与选聘中明确要求高校辅导员应当"具备较强的组织管理能力和语言、文字表达能力"，这是对其管理能力和表达能力的具体要求。高校辅导员的教育管理能力是辅导员学习和创新能力的价值实现，是开展辅导员工作最为基本的要求和能力底线。高校辅导员的教育管理能力更多侧重于高校组织层面的职责要求，是实现高校人才培养目标、履行党和国家人才培养任务的具体体现。高校辅导员的教育管理能力是辅导员工作最核心的能力，是高校辅导员履行工作职责和扮演社会角色的必备能力。"辅导员是高等学校教师队伍和管理队伍的重要组成部分，具有教师和干部的双重身份。"从这个意义上讲，高校辅导员的教育管理能力包含了作为教师身份应具有的教育能力和作为干部身份的管理能力。

四、制度建设

制度管根本，管长远，是一个具有根本性、稳定性和长期性的关键问题。着眼于制度建设是高校辅导员队伍建设的重要保障。加强高校辅导员队伍的制度建设，需要注重政策制度的连贯性与稳定性，不断加以完善；坚持与时俱进和贴近实际，不断建立与之相适应的新制度。

1. 完善现有制度

改革开放以来，党和国家高度重视辅导员队伍建设。在教育部的领导下，积极的组织专家学者制定了一系列高校辅导员队伍建设的制度和政策，有力地推动和保障了我国高校辅导员队伍建设。通过对最近三十多年高校辅导员队伍建设各项制度的全面研究，党和国家在不同的历史时期紧密结合我国经济社会的发展，特别是高等教育改革发展的实际需要，制定和颁布了与时代背景相适应的政策和制度，很好地满足了大学生思想政治教育和辅导员队伍建设的客观需要。

2004年，中共中央、国务院颁布了《关于进一步加强和改进大学生思想政治教育的意见》（中发〔2004〕16号），教育部在2005年、2006年先后颁布了《关于加强高等学校辅导员班主任队伍建设的意见》《高等学校辅导员队伍建设规定》和《2006—2010年高校辅导员队伍培训计划》等重要文件。这些文件着眼全国、立足全局，为各地各高校制定高校辅导员队伍建设的制度提供了方向指导。各地各高校认真学习、深刻领会、严格执行、开拓创新，紧密结合辅导员队伍建设的政策文件和自身实际制定和出台了相应的制度，有力地推动了辅导员队伍建设。和国家宏观经济政策一样，高校辅导员队伍建设的政策文件要保持一定的稳定性，防止大起大落，但决不能矫枉过正，用刻舟求剑的思想待之，需要在中长期规划的指导下，坚持与时俱进的修订和完善辅导员队伍建设的相关制度，以满足队伍建设的发展需要，解决辅导员队伍建设和发展中存在的问题。当前，我国在高校辅导员队伍制度建设方面，明确了辅导员队伍的工作职责，在辅导员的选拔、培训、发展和管理等方面都有了相应的政策要求。但随着辅导员队伍建设的实际情况和辅导员自身的发展需要，应当继续深入研究高校辅导员的工作职责，明确其职责界限；继续深入研究和制定辅导员队伍的选拔、培养、发展和管理等方面的制度建设，不断完善现有制度，使其为科学指导和有力保障辅导员队伍建设和维护辅导员权利做出积极的贡献。

2. 建立新的制度

加强高校辅导员队伍的制度建设，不仅需要完善现有制度，而且需要坚持与时俱进和贴近实际的原则，不断建立新的制度，以更好地满足辅导员队伍建设的现实需要。

建立适应新形势下辅导员队伍建设工作的领导管理体制。高校辅导员队伍建设与管理体制受传统观念的束缚，管理手段弱化，工作职责领域边界模糊，考核评价缺乏科学，培养与发展缺少系统性、全局性和发展性研究，高校辅导员队伍的工作支撑体系不健全。归根结底，这些问题都与高校辅导员队伍建设的体制和机制有关，需要继续深入研究，为辅导员队伍建设提供政策保障和制度指导。

建立高校辅导员队伍建设的评价制度。我国高校辅导员队伍建设发展不平衡，其关键在于缺少科学的评价制度。全面推进高校辅导员队伍建设固然需要有科学的理论予以指导，但更需要相关的政策和制度加以保障。不过，任何好的政策和制度若不付诸实践，在现实中加以贯彻执行，都必将是一纸空文，形同虚设，不能产生任何实际的效益。因此，需要建立辅导员队伍建设的评价制度，以保证高校辅导员队伍建设各项政策、文件和制度贯彻执行的力度。当前，学术界和理论界在高校辅导员队伍建设方面，更多的是关注高校辅导员工作考核评价，却鲜有人研究队伍建设的考核评价。因此，应在借鉴和参考教育部关于全国高校辅导员队伍培训研修基地考核体系的基础上，从高校辅导员队伍建设的思想认识、组织领导、体制机制和建设效果等方面统筹规划，建立高校辅导员队伍建设的评价制度。

第四章 高校辅导员队伍建设的现状和对策路径分析

高校辅导员作为学生日常学习和生活中的教育者、管理者和服务者，是学生成长成才道路上的指路人。高校辅导员队伍建设的成熟与否直接关系到学生思想政治教育的实施效果、学校系统的持续发展和高等教育事业的发展。然而，现有的高校辅导员队伍建设存在着角色定位不明确、职责不清晰、专业化不强、职业发展不明确和队伍结构不稳定等问题，需要高校辅导员自身、学校和社会共同努力，致力于高校辅导员队伍的建设与发展。

第一节 高校辅导员队伍建设的现状

一、高校辅导员队伍建设的现状分析

高校辅导员队伍建设的好坏会影响学校和学生的发展。然而，当前辅导员队伍建设存在着业务职责不清、专业化不强、职业发展前景不明、队伍结构不稳定等问题。

（一）辅导员角色定位不明确、业务职责不清晰

教育部文件明确辅导员在高校中的双重身份，但在实际工作过程中，工作的角色定位出现了偏差。一方面，许多高校仅仅将辅导员看成是处理学生日常事务的工作者，而忽视辅导员思想政治教育工作者的身份。在工作中辅导员需要协助多个部门的任务安排，不仅要接受院系派发的任务，还要处理学生事务。这种情况下，辅导员根本无暇顾及学生深层次的思想问题，无法及时关注学生的心理变化等等，导致辅导员本应发挥的思想政治教育作用效果不佳。

另一方面，学校、家长和学生对辅导员身份具有不同的职业期待，人生导师、知心朋友等多重身份致使角色定位不够明确，影响职责的发挥。辅导员的工作性质与特点决定了其所担任的角色：既是严师，又是人生导师和知心朋友。既要满足学校对辅导员的工作期望，又要满足学生、家长等对辅导员的殷切希望。这些都容易造成辅导员的角色冲突、角

色模糊和角色紧张。

（二）辅导员队伍专业化不强、职业发展不明确

从理论角度来说，辅导员需要有思想政治教育专业知识、心理学教育学等方面的知识储备，为学生指引出正确的政治方向、价值指向和道德路标。从实践角度来说，辅导员需要有突出的专业技能，还要具有较高的心理素质，可以用良好的心理状态和较强的心理适应能力来应对各种学生突发事件。

辅导员的日常工作基本为各种烦琐性的学生事务，无法专注于科研和教育事业，无法专注于个人专业素质和职业素养的提高，导致辅导员岗位职业发展前景不清晰。因此，如何提高辅导员的专业素质和职业素养，是辅导员队伍建设必须解决的问题之一。

（三）辅导员队伍结构不合理、队伍不稳定

首先，高校系统内部对于辅导员群体的不够重视。学校职能部门将辅导员归于大学生日常事务的管理者，忽略其教师的身份定位，对辅导员队伍整体重视不够。

其次，缺乏科学的、现代化的管理体制。队伍的建设与发展离不开系统完善的管理体制的支撑，科学的晋升渠道为辅导员职业的可持续发展规划了前景和未来，系统的培训机制为辅导员的专业发展奠定了基础。

再次，数量配置不足。辅导员日常忙碌于学生日常事务的管理和服务，无暇顾及大学生思想政治教育、心理健康教育等较为专业的方向发展。这就造成了辅导员队伍结构的不合理和队伍连续建设的断层。教育部等八部门《关于加快构建高校思想政治工作体系的意见》中要求配备配齐 1:200 专职辅导员，也是说明目前辅导员队伍的结构不合理。

最后，辅导员身份认同感缺失。学生工作烦琐，缺乏专业性，加之辅导员队伍晋升机制不完善，职业前景不明确，加剧了辅导员队伍的不稳定状态。

二、影响高校辅导员队伍建设的因素

（一）学校辅导员制度不完善

1. 招聘

高校把精力主要集中于引进和建设教学、科研人员力量及扩大招生上，对学生辅导员队伍的建设不够重视。许多高校聘任的辅导员基本上都不是思想政治教育的相关专业，且在辅导员队伍建设上只考虑数量，而忽视质量，这在一定程度上影响了辅导员工作的开展。

2. 培训

高校辅导员培训管理中存在的问题主要集中在：对思想政治理论培训不够重视；对培训要求不够严格；培训时间不够充裕；培训方式比较单一。由于辅导员工作的特殊性、政

策及经费等原因，大多数辅导员很难得到进一步进修深造的机会，因此自我发展的空间比较小。

3. 考核

大部分高校对辅导员的考核缺乏标准，普遍存在对辅导员高要求，低奖惩的现象。辅导员考核评定量化指标少，存在"干与不干一个样、干好干坏一个样、干多干少一个样"的现象，不利于考核工作的开展。考核机制不健全，严重影响辅导员的热情和工作积极性。

4. 晋升

目前，辅导员职业化、专业化、专家化的队伍建设还不成熟，发展空间比较狭小。多数辅导员担心从事辅导员工作会影响自己以后的发展，思想压力大，后顾之忧严重。因此，产生厌倦情绪，抱有"出路就是转行"的想法，不能沉下心来做好本职工作，最终影响辅导员队伍的稳定。

5. 薪酬

但当遇到具体问题（如评职称、职务晋升等）时，辅导员的优势很难体现，是一个受忽视的群体。加之辅导员人员在教学科研方面"先天不足"，因此，在考评中只能处于候选状态，这严重挫伤了辅导员工作积极性。

（二）领导与学生给予的压力过多

在高校里，任何部门都可以给辅导员指派工作，许多原本不属于辅导员职责范围的工作，都要求辅导员组织实施，导致辅导员承担的工作过多，整天奋斗于日常工作中。当代大学生面临着学习、就业等各方面的压力，心理越来越脆弱，缺乏自立能力，传统的工作方式已不能适应学生需求，这也对辅导员工作提出了更高要求。

（三）辅导员自身的问题

第一，思想觉悟低。目前辅导员队伍中，有人认为在思想政治工作岗位上难以求得发展，有人面对思想政治工作的困境，产生了"看透了""没意思"的想法。第二，业务能力弱。很多辅导员刚走上工作岗位，由学生向教师的角色转换时间短，对学生的思想政治工作缺乏足够的手段与技巧，往往是"凭着一点经验干，摸着石头且过河"。第三，专业能力不足。大多数辅导员都不是教育专业，缺乏思想政治教育的专业知识。

第二节　高校辅导员队伍建设的对策

一、高校辅导员队伍建设的建议

（一）制度完善

建立健全队伍发展保障机制。一是组织保障机制。学生工作部在校党委统一领导下，全面负责学校辅导员队伍建设工作，组织部、人事处、团委等部门积极参与、齐抓共管。各学院领导班子和党政主要负责人切实承担起本单位学生思想政治工作的领导责任，把学生政工干部队伍建设列入重要的议事日程。二是制度保障机制。在制定有关辅导员队伍建设实施意见的基础上，进一步完善辅导员队伍的目标管理体系、制度管理体系和考评管理体系，制定一套切实可行的辅导员队伍建设管理制度。三是政策保障机制。将辅导员队伍的培养纳入学校人才培养计划和师资培训规划，加大经费投入，确保辅导员享受专任教师培养的同等待遇，使辅导员的收入不低于本学院同层次教师的平均收入水平。

（二）理清职能

为了更好地引导辅导员的发展，提高辅导员的综合素质，学校应建立研究平台。具体分为以下几个方面：第一，建立校院两级研究中心；第二，提供必要的物力和人力保障；第三，建立学术交流平台；第四，加强思政课题研究；第五，建立学习研究平台。

（三）畅通信息

辅导员应经常与学生交流，在初次见面时，就应当把自己承担的角色向学生们讲清楚，让学生知道自己的职位价值。在学生工作实践中，要把尊重大学生的人格、维护大学生的尊严作为开展工作的前提。加强学生与辅导员交流，老师要从"管"的教育模式中走出来，建立与学生的朋友关系。

（四）提升自我

辅导员这一特殊岗位要求辅导员老师要不断提升自己的综合能力，具备岗位所要求的理论知识。具体涉及以下方面：管理学知识、思想政治理论知识、教育学知识、就业指导知识、心理学知识以及形势与政策的相关知识等。除此之外，辅导员还应具备学生事务管理、计算机与网络等方面的相关知识，以及组织协调能力、观察、分析和判断能力等。

（五）改善外部环境

学校应积极与周边社区建立合作关系，为学生的各种活动提供平台。通过各种途径，加强各高校间的联系与交往，使辅导员与学生能够在交流中获取新知识、培养新能力。学校应多组织辅导员到校内外进修、深造和到先进单位观摩学习，以开阔视野，增长才干，为学生管理工作注入新的理念和新的方法。

二、加强高校辅导员队伍建设的对策

（1）重视辅导员队伍的建设。要实现辅导员队伍的专业化，首先是要引起教育部门及高校的高度重视。当前高校更多的是关注学科建设的发展，很少把关注点放在学生的思想政治教育上，因此职能部门要了解高校思想政治教育工作的重要性，了解高校辅导员在大学生思想政治教育过程中所起的重要作用，从而把思想政治教育和学科建设放在同等高度，优化环境和外部条件，在政策和待遇方面给予适当的倾斜，用政策来保障辅导员的发展。

（2）建立健全辅导员的培训考核机制。构建科学合理的培训体系是提高工作绩效、增强组织核心竞争力的有效途径，是辅导员专业化的制度保障。由于辅导员工作的复杂性和特殊性，实际上很难形成一套合理固定的准入机制。高校可以从培训及考核机制入手，优化辅导员队伍建设。一方面，从辅导员队伍长远发展考虑，应鼓励高校辅导员接受多层次、多形式的继续教育，以不断提高自身的综合素质以及科研决策创新能力。高校辅导员也可通过相关的学历教育及职业资格培训，如心理咨询师、职业指导师等，使自身在知识、技能、心理及处事方式上符合辅导员的职业标准。另一方面，要完善辅导员的考核制度，使辅导员队伍的管理有所依据，同时也可将考核结果与辅导员的职称评定、工资待遇相挂钩，以此来调动辅导员工作的积极性。

（3）提升政治辅导员的职业认可度。职业认可度是政治辅导员专业化的必要条件之一。首先要加强辅导员队伍的建设，需要明确辅导员的身份，在身份上和高校教师保持一致，解决好辅导员的职称出路问题。辅导员与其他教师一样，可以通过积累、研究走上一条学术型的道路，但与众多专业教师一起竞争，辅导员明显不具优势。因此通过实行辅导员考核和职称评审单列制度，努力为辅导员的工作创造良好的政策环境，以此来稳定辅导员队伍建设。其次，可推行职业资格认证制度。在身份上和高校教师保持一致的同时，必须明确，高校辅导员是高校师资队伍中的特殊群体，仅具有一般教师的素质和能力是不够的。资格认证是专业化发育程度的重要标志之一，可通过社会保障部门的职业资格认证体系来完善辅导员队伍的专业化建设。

（4）明确政治辅导员的岗位职责。首先要求高校在工作职能划分的时候，需强化工作职责，明确工作范围。理清辅导员岗位同学校各个职能部门的责任关系，明确各自的分工和职责范围，以减轻辅导员大量烦琐的事务性工作，使辅导员有更多的精力能够投入到大学生的思想政治教育工作当中来。其次，打破辅导员的"超人"模式，结合辅导员自身特点，将辅导员的工作范围和发展方向进一步划分，实行辅导员专项负责制，尝试在心理健康教育、就业指导、党团管理、学生事务管理等方面配备专业化的辅导员。一方面有利于辅导员从繁重琐碎的事务性工作当中解脱出来；另一方面，有利于辅导员将自身责任范围内的工作做精做细，有利于辅导员队伍专业化的推进。

第三节 高校辅导员队伍建设的途径

高校辅导员队伍是大学生思想政治教育的组织保证，各级领导高度重视、高瞻远瞩，在明确目标、遵循原则的基础之上，结合高校辅导员队伍建设的基本内容，采取有效途径进行建设，促使高校辅导员队伍整体素质、工作水平明显提高，育人效果显著增强。

一、优化环境，增强队伍组织归属

营造良好的高校辅导员队伍建设的组织环境是队伍建设的根本保障。各地各高校领导应高度重视，全面认识辅导员队伍建设的重要性和紧迫性，充分认可辅导员队伍的育人价值，在政策保障、激励等方面予以倾斜。

首先，优化精神环境。国家、地方和高校领导要高度重视大学生思想政治教育和辅导员队伍建设，将"抓辅导员队伍建设就是抓接班人"的思想意识贯穿于高校人才培养和各项工作之中，自觉抵制和克服"重使用轻培养、重眼前轻长远、重科技轻人文"的不良思想，通过实际的行动和努力，使辅导员深刻感受到"工作有平台、生活有保障、发展有空间"，做到事业留人、待遇留人和情感留人，增强辅导员队伍的归属感和荣誉感。

要提升辅导员的社会地位，从精神上激励辅导员潜心教书育人。要继续加大辅导员队伍的表彰奖励力度，增强对辅导员育人价值的认同。将高校辅导员纳入国家、地方和高校教师、教育工作者先进人物的表彰奖励体系，按比例评选，统一表彰。高等学校要形成全员育人的良好氛围，通过加强辅导员队伍的组织文化建设，营造良好的组织环境。要在全国范围内产生影响和效益，不断提升辅导员的社会声誉，营造尊重辅导员队伍的社会舆论环境，全面激励辅导员创先争优，发挥更大的育人价值。

其次，改善物质环境。要提高辅导员的经济收入，从物质上保证辅导员安心工作。为确保辅导员的实际收入与本校专任教师的平均收入水平相当并逐步提高，高校应出硬招、实招，积极改善辅导员工作条件，根据工作实际，发放加班、通讯补贴，调动辅导员的工作热情。

最后，强化政策保障。各地各高校应紧密结合中共中央、国务院《关于进一步加强和改进大学生思想政治教育的意见》（中发〔2004〕16号）、《关于加强和改进新形势下高校思想政治工作的意见》（中发〔2016〕31号）和《普通高等学校辅导员队伍建设规定》（教育部令第43号）等文件精神，紧密结合各地各高校辅导员队伍建设的实际情况，出台并实施辅导员队伍建设的相关政策，通过制度和立法的方式保障辅导员队伍建设的有序发展，为高校辅导员队伍建设提供有力的政策保障和行动指南。

二、严格准入，净化队伍源头活水

建立科学的职业准入机制、严把入口关是高校辅导员队伍建设的基础环节，有利于辅导员队伍后续发展和提高人才培养质量。

首先，坚持原则，严格标准。严格按照"政治强、业务精、纪律严、作风正"的要求，遵循德才兼备、以德为先的原则，明确界定高校辅导员的准入标准，在入职选拔时侧重考核竞聘人员的政治、学历、专业和能力标准，公开、公正、公平地精心选拔合适的人员担任辅导员工作。

其次，拓展渠道，严格程序。高校要充分依托大众传媒发布辅导员的招聘信息，坚持"走出去、请进来"的理念，扩大人员选聘的范围。严格规范辅导员选聘流程，确保高校辅导员的选聘有序推进。

再次，科学测评，严肃措施。高校在辅导员选拔中应充分借鉴人力资源管理等先进理念和方法，采用面试测评法、心理测试法、动态测试法等科学的测试方法进行甄别、筛选，确保人尽其才、才尽其用，以保证挑选出的人员能够发挥最大的育人价值。

最后，客观评价，严守底线。为科学评价、量化考核以及确保辅导员队伍的生机与活力，各高校需要采取辅导员职后准入制，设计和制定辅导员队伍工作的考核评价体系，考核结果与职务聘任、奖惩、晋级等挂钩。凡工作不称职的辅导员，经批评教育仍无改进的，应坚决调离工作岗位，确保队伍质量。要严守1∶200师生比例配置一线专职辅导员的底线，确保队伍数量。凡在事关政治原则、政治立场和政治方向问题上不能与党中央保持一致的，不得从事辅导员工作，以确保队伍纯洁。

三、扎实培训，提升队伍工作能力

加强辅导员培训是辅导员人力资源开发的重要途径，坚持以人为本，积极制定培训规划、搭建培训平台、落实培训措施，使辅导员队伍培训有计划、有阵地、有措施、有保障。

首先，合理配置培训师资。

各地各高校应充分发挥教育部高校辅导员骨干培训和研修基地在辅导员队伍培训培养中示范引领的重要作用。要紧密结合辅导员的实际需求，聘请相关政府官员、思想政治教育专家以及一线优秀辅导员骨干等组建一支复合型的施训队伍，为辅导员队伍进行系统的、有针对性的专业化培训，提供人力资源保障。

其次，系统实施需求分析。

通过开展调研、座谈、走访以及心理测试等方法辨析辅导员队伍的差异和共性，摸清辅导员队伍的实际需要。为分层次、分阶段、分类别、有针对性地制定辅导员队伍培训规划，以及为选择合理的培训内容和科学的培训方法提供指导，做到有的放矢、因材施教。

最后，积极创新培训方式。

各地各高校除实施辅导员岗前培训、骨干培训、专项培训和学位提升培训之外，还要有计划地开展学习考察、挂职锻炼等活动提升辅导员的能力。高校通过开展辅导员沙龙、辅导员校本培训等方式系统地加强辅导员队伍培训，增强培训效果。与此同时，各高校还需要营造辅导员队伍自主学习、自我发展、自我超越的学习氛围，营造良好的学术科研环境，通过建立学习型组织、科研立项和学术交流等方式激励辅导员队伍不断提升自我，追求进步。

（四）畅通发展，促进队伍动态i定

要坚持全面协调可持续的发展理念，拓展业内空间、畅通发展出路、提升科研水平，全心全意为辅导员队伍谋发展。

首先，建立专业技术职务评聘序列，完善辅导员专业技术职务评聘制度。

各地各高校应在"高等学校教师职务评审委员会"中单独设立"学生思想政治教育学科评议组"，将辅导员队伍的专业技术职务评聘纳入其中，并按与其他专业教师的比例数单列指标。具有评审权的高校采取"指标单列、条件单列、评审单列"的模式自行评审，保障辅导员专业技术职务的发展空间。

其次，推行职级评聘相关制度，畅通辅导员队伍业内发展空间。

由于高校辅导员在专业技术职务评聘方面存在着一定的局限，在以人为本、关注发展的指导思想下，各高校需要拓展辅导员队伍业内发展空间。各地各高校应根据教育部《普通高等学校辅导员队伍建设规定》（教育部令第43号）的"高等学校应当制定辅导员管理岗位聘任办法，根据辅导员的任职年限及实际工作表现，确定相应级别的管理岗位等级"的基本要求，实施辅导员业内职级评定制度，保障辅导员应有的待遇和地位。实施辅导员职级评聘制度，既是对辅导员专业技术职务评聘的有益补充，也是重视和关注辅导员队伍发展的具体体现，需要各级领导高度重视并逐步加强。

最后，搭建辅导员队伍的科研平台，提升辅导员科研水平。

实现高校辅导员队伍的科学发展，需要搭建高校辅导员的科研平台，逐步提高他们的科研能力。事实上，提高辅导员队伍的科研能力，既有利于队伍自身的发展，又有利于更好地指导大学生思想政治教育各项工作，能够提升辅导员的社会地位并激励其做出积极的贡献。各地各高校要搭建项目支撑平台，设置专项课题、划拨专项经费用于辅导员队伍的课题研究，鼓励辅导员从事科研活动。要搭建辅导员队伍的理论研讨和工作交流平台，通

过组织、开展国家、地方和高校等不同层次、不同级别的辅导员工作论坛，提升其学术、科研能力和工作水平。高校可以为辅导员配备专业理论导师、科研导师和业务指导教师，从组织层面关怀、指导辅导员有效从事科学研究，不断提升自身的科研能力和业务技能。

发展中的问题需要用发展的思想和措施予以解决。关注辅导员队伍的职业发展是实现辅导员队伍专业化、职业化和专家化建设的目标指向，也是维护辅导员队伍动态稳定的最为核心的因素。不从体制上、根本上解决辅导员队伍的发展问题，就难以维持辅导员队伍的稳定，不利于辅导员队伍建设，亦会影响大学生日常思想政治教育和管理的效果。

五、科学管理，永葆队伍生机活力

要坚持人文关怀和制度规约相结合，全面加强高校辅导员队伍的管理，促使队伍永葆生机。

首先，重人文关怀，强文化引领。

加强组织文化建设有助于增强辅导员队伍的凝聚力和向心力，有助于促进辅导员的自我发展和自我实现，这也是激发辅导员队伍敬岗爱业、潜心育人的动力源泉和形成良好人际关系的重要保证。为此，应进行组织文化诊断、确立组织共同理想、浓厚组织文化氛围，为高校辅导员队伍建设营造良好的组织氛围。高校可以组织开展辅导员技能大赛，实施亲情化建设，高度关注并切实解决辅导员的现实困难，让广大辅导员感受到组织的温暖和党的光辉，安心工作，潜心育人。

其次，重评价督促，强帮扶指导。

为科学评价、量化考核高校辅导员队伍建设，各地各高校需要制定科学的考核评价体系，遵循"认识到位、组织健全、制度完善、成效显著"的原则和要求，设计和制定辅导员队伍建设的评价体系。建立和实施"国家—省市—校—院"四级评价和指导机制，形成上下联动、优势互补、职责分明的运行机制。教育部、地方教育主管部门成员应赴高校基层组织、指导和督促辅导员队伍建设。坚决做到各级部门高度负责、齐抓共管，下级对上级负责，上级指导和督促下级有效开展队伍建设，形成一级抓一级、层层抓落实的良好格局。党和国家应继续加大高校辅导员队伍建设的考核评价机制建设，将辅导员队伍建设成效作为对各省市、各高校年度或阶段考核评价的重要内容，通过制度的形式，采取一定的激励和惩罚措施，保证各地各高校大力推进辅导员队伍建设。为加大帮扶指导的力度，各高校可以通过借鉴学习、考察观摩，与其他高校开展"结对子""大手拉小手"等活动，让先进帮助后进，用优秀引领落后，做到整合资源、共同进步。在高校内部，要按照可持续发展的原则，优化辅导员队伍结构，在年龄、学历、专业和职称职级等方面合理布局，在工作中形成传帮带引的良好格局。

最后，重建设效果，强制度规约。

为确保高校辅导员队伍建设的效果，应实行地方、高校主要分管领导"一把手"责任制，将辅导员队伍建设的实际效果作为对其年度或届满考核的重要内容。各地各高校应对辅导员强化"双重身份"、明晰其职责使命，加强"双重领导"、增强其组织归属，实现"双线晋升"、明确其发展保障。高校要紧密结合自身实际，创造性地开展绩效管理、柔性管理、人本管理，形成支撑保障机制、培养发展机制、约束强化机制等对策措施，实现高校和辅导员的协同发展，不断提高队伍建设效果，使辅导员队伍永葆生机，焕发活力。

第五章 融媒体时代高校辅导员队伍建设

第一节 高校辅导员队伍建设：管理层面

一、融媒体时代高校人才管理的趋势

融媒体正在悄无声息地渗透到我们的生活每一个角落，悄然改变着我们的生活方式和思维方式，当然也包括职场。一面是企业的"用工荒""招工难""留人难"，另一面是人才市场熙熙攘攘的热闹景象，各位人力资源人士不禁要问：人都去哪儿了，是谁在动我们的奶酪？答案是融媒体。毫不夸张地说，融媒体时代的到来正在挑战传统的那套企业管理模式，传统的人才激励模式和人才保留政策已经难以适应人力资源管理目前所面临的形势和问题：职能角色的定位；员工需求的个性化；员工价值观的多元化；激励机制和政策单一、呆板；信息传递和沟通渠道及方式的变化，等等，都要适时地做出适当的调整。

融媒体（用户思维、迭代思维、大数据思维、平台思维和跨界思维）正在深刻改变着企业的组织结构、运营体系、管理方式、品牌推广、战略制定、人才管理等方面，传统思维（顾客思维、成品思维、批处理/经验思维、雇佣思维）已经难以适应新时代的要求。从人力资源角度看，融媒体时代将会带来企业人才管理的新趋势。

（一）"用户思维"改变我们的人才理念和管理模式

融媒体思维强调以用户为中心重塑企业运营体系，让用户参与到企业价值链的生产、营销与销售、研发和设计的各个环节，倾听用户的声音，了解用户的需求。企业人力资源管理的用户是谁呢？是所有员工。

管理模式和人才理念的用户思维就是：人才并不局限于企业内部，而是可以更广泛地吸引用户参与到企业的产、销、研各个环节；国内融媒体巨头"BAT"良好的雇主品牌告诉我们员工不是"被管理者"，被动接受管理者和组织下达的指令和被条条框框束缚的"会说话的工具"，而是与管理者平等的、有思想的工作伙伴，他们应该参与到企业的目标制定和实施中来。

人力资源管理工作除了结合企业实际，还要以人为本，更多地倾听员工的心声和需求，才能提高员工的工作满意度。

（二）高校对人才的激励、保留政策与手段将会更加多元化、个性化、人性化

融媒体的"迭代思维"重视把产品的最初功能，甚至是创意推向用户，通过与用户的反复沟通，一代一代地推出更完善的新版产品。发达的信息传播渠道提供了企业通过对用户、营销、产品、生产、物流等各类数据的整合及相关分析的手段，进行数字营销、精准研发、数字工厂、优化供应链、精准管理。"大数据思维"和"迭代思维"正在让用户的个性化需求得到最大的满足。

融媒体时代，人力资源真正开始进入了"量化"人力资源管理阶段，人力资源管理的任何决策都离不开"大数据"，大量翔实的数据和信息是我们决策的主要依据。融媒体时代的到来要求人力资源应该更加重视采集和利用数据。人力资源日常工作中会涉及大量的信息和数据，外部信息包括：人资行业重大新闻、产业新闻、法律法规、劳动政策、社会保险动态、就业促进政策、人力资源市场动态等；内部信息包括：组织架构、人员配置、员工培训情况、考勤数据、薪酬数据、绩效信息、人事变动、劳动产出、员工关系动态等，这些数据都是人力资源部门进行决策的重要依据。具体到人才激励和保留，在人力成本刚性增长的大环境下，怎样去降低人力成本和提高人均产出的同时保持核心员工的稳定成为我们需要认真面对的新问题。无论如何，一个不变的趋势是我们对人才的激励方式和手段将不能是单一的、传统的升职加薪，而是更加多元化、人性化和个性化。

"80后""90后"员工正在变成职场的主力军，他们叛逆、稳定性差、崇尚自由、情绪化，但是价值独立、学习能力强、自信、敢想敢干、思维灵活，是个性十足的一代人。目前，公司456名在册员工中，"80后""90后"员工达到221人，占比48.5%。因此，企业的人才激励和保留政策需要更多地关注员工内心真实的声音，因材施教，对症下药，物质激励和非物质激励灵活运用，在保证效果的前提下，也不能忽略成本的评估。员工的个性化需求怎么满足呢？人力资源管理理论已经对人才激励方面进行过研究，融媒体"迭代思维"进一步启发我们，要在数据搜集和深入调研的基础上完善激励机制和丰富激励手段，物质激励与精神激励相结合、短期激励和长效激励相结合。具体来说，我们除了加薪、升职、各类补贴等物质激励，比如：精神激励可以考虑榜样激励法、尊重激励法、自主权激励法、授权激励法、目标激励法、危机及立法、荣誉激励法、压力激励法等各种精神激励方法，尤其在资源有限的情况下，这些激励办法可能起到更好的效果。

（三）充分发挥平台的作用

融媒体时代除了要求企业打造内部平台化的运营机制和外部平台化的生态系统，还应该把企业打造成为员工创业、立业的平台。

微信、QQ、OA等各种社交工具通过融媒体把个人与个人、个人与组织、组织与组织之间连接起来，形成一个个开放、共建、共享的平台，平台中的个人拥有了可以尽情展示自我的绝好机会。"平台思维"是指由核心企业制订互动机制，由多方参与形成"开放、共建、共享"的一种生态圈，包括内部平台化、外部平台化。

外部平台化是指通过迅速吸引社会资源，让海量的用户与海量的商家在平台上以自组织的形式完成交易，而且能大幅度降低企业的协作成本，并迅速创造出一个规模巨大、但在灵活性上更胜一筹的商业生态系统。

内部平台化是指突破雇佣思维、规避大公司病，把企业打造成员工创业平台，最大限度地激发员工活力。人才理念的平台思维就是在融媒体时代，为更好地激励员工，必须把企业打造成员工的创业平台。公司的内部平台化，就是要把公司的事业打造成一个成人达己的平台，随着办公伙伴的逐步发展壮大和走向全国，公司将更加需要引人长效激励机制，比如：期权激励、股权激励、员工持股、行业加盟等，这些激励手段值得我们去研究和探讨，从而制定出一套符合我们行业特点和企业实际的方案。

（四）跨界思维

跨界思维让人力资源不但要精通业务，成为业务部门伙伴，还要深化绩效考核的内涵，为他们提供智慧支持。进入融媒体时代，单一的知识结构很难适应不断变化的市场和职场环境，未来对复合型人才的需求将会更加强烈。从人力资源管理者的角度来讲，企业的转型和多元化发展使人才的需求也在不断变化，人力资源不仅需要从企业的角度来预测和评价人才的能力和知识结构需求，更需要从专业和业务的角度来评判人才的任职资格和潜力空间。原来对于人力资源管理者的知识要求除了专业以外就是一些统计学、心理学的熟悉和掌握，未来对于人力资源管理者的知识要求将涉及内部运营管理、业务流程、财务管理、行业产业链知识、融媒体思维等方面，人力资源早一步实现"跨界"，也能早一步实现支撑企业业务发展的职能要求。

随着社交工具的发展，人际交往渠道更加多元化，人与人之间的关系变得更加紧密，传统的单一维度考核已经不能真正反映员工的真实绩效，需要引进更多维度，从多方面进行考核，同时要注重"用户"（客户）满意度。从考核的主体来说，可以扩大到上级对下级考核、下级对上级考核、同事之间互评、跨部门考核、外部客户满意度，等等，根据具体岗位确定3个左右的考核主体；从考核内容来看，各岗位都应该引入财务指标、学习与成长指标、客户指标、运营与流程指标，才能更加全面、真实地反映员工的绩效，为我们进行各项人力资源工作提供支持。

人力资源作为企业的第一资源，核心人才是人力资源的第一梯队，是具有高潜力的人力资本，公司未来的发展离不开高素质的高端人才，人才管理和核心人才引进，我们需要做得更好。随着融媒体和通信工具的快速发展，数字化正在把越来越多的人和组织联系起来，世界正变得越来越扁平，世界的平坦化正在剧烈地改变着人们的生活方式。借用托马斯·弗里德曼著作《世界是平的》当中的一句话：

"世界变得平坦，是不是迫使我们跑得更快才能拥有一席之地？"是的，我们需要跑得更快，才不至于被动挨打。

二、高校辅导员队伍管理存在的问题

高校辅导员的是最基层的从事学生工作的一群人，"上面千根线，下面一根针"，每一项工作，每一根线都牵着辅导员这根"思想政治工作"的针。很多辅导员面对事务性工作忙不暇接，有人比喻辅导员工作是"5+2""白+黑""领导要求多，自身内涵少""班级工作烦，分块工作杂"。面对辅导员时间的碎片化，这对处理事务性工作提出了更高的要求。

（一）高校辅导员面临的职业矛盾与困境

1. "一专"与"多能"的矛盾

目前，很多高校都实行聘任制度，制定了相关的考核细则和实施办法，辅导员队伍的整体水平都较以前有了大幅度提高。但是在综合能力、内在素质以及专业精神方面尚不系统。我们通常意义上的学生工作其实是指的是辅导员这一职业，而不是这个专业，很多辅导员不是这个专业而是半路出家。所以，需要通过各种制度和措施来保障辅导员所从事的学生工作的专业化。重视教育心理学和各种职业资质资政的持有。在职业化与专业化相互促进过程中，如何由"专职"进一步凸显"专业"，是高校辅导员队伍职业化、专业化乃至专家化的关键。

专业化、专家化的辅导员教师队伍，要承担教学、科研、管理的三种职能。只有这样才能不断提高高校德育工作的整体水平。辅导员队伍是专职做思想政治工作，为了更好地将这一工作做得更有实效性，越要学习更多与现时代同步发展的新知识，甚至在有关领域要走在时代理论的前沿上。社会需要与自身发展之间如何更好地协调需要辅导员做好准备。

2. "可有"与"可无"的困境

辅导员虽然是教师的一部分，但长期以来一直处于相对弱势的地位，他们的工作时间和强度又往往高于一般任课教师。目前辅导员与学生比例规定在 1：200，但是很多高校都已经超过这个比例达到 1:300 的。有的高校做法出现两个极端：有的将与"学生"字样有关的任何事情都划归学生管理工作，对于学生中出现的任何问题都归结到辅导员工作中不到位；有少数高校则是认为学生工作无足轻重，甚至可有可无。受这类思想支配，人为地将教书和育人的工作，管理和育人的工作割裂开。事实上，学生教育管理工作是一项系统工程，对学生的思想政治教育不能拘泥于哪个人、哪个群体，是需要多方配合、共同进行的。

3. "个体时间的有限性"和"工作任务的繁杂性"矛盾

从各个高校工作分工看，辅导员主要承担学生常规管理工作、资助与评奖评优工作、校园安全稳定工作、学风建设工作、考风考纪教育工作，校园文化建设工作、后进生转化、入党启蒙与组织发展工作、人武工作、社团建设、共青团工作等各方面，有的高校还把缴费率与宿舍卫生达标率与辅导员考核联系。可以说，高校有多少部门而派生出来的工作最终都可以找到或者归结到辅导员。所以说辅导员是专职的"多面手"。

4. "身份尴尬"与"身心俱疲"的困境

现实中，辅导员身份尴尬问题十分普遍，如被视为学生的"生活保姆""贴身保镖110""救火队员119""急救队员120"，等等。每当课堂教学质量不好、学困生问题增多、宿舍卫生下滑、英语四级计算机二级水平等可比性指标不高时，辅导员就会首当其冲地被质疑和责备，很多辅导员会产生较重的失落感。很多带的学生数量多又直接承受着来自各类学生的各种负面反馈的影响与刺激，身心健康状况更加需要关注。反过来，由于辅导员与学生朝夕相处，其身心素质将直接暗示、影响着学生的身心健康与素质修养。因此，关注和保障辅导员身心健康，意义重大。

（二）高校辅导员面临的职业发展前景不明朗

1. 把辅导员这一职业当作"桥梁""跳板"

有的辅导员把辅导员这一职业当作"桥梁""跳板"，一有机会便另谋高就，转岗做专任教师或机关干部等。这批辅导员目的性特别强，做的工作有助于实现既定目标的做，对既定目标没有帮助或者好处的就不做。这对大学的学生管理工作无疑是百害而无一利的。

2. 进入机制的不健全，导致辅导员没有前途

有的高校招聘辅导员"非硕士博士方才考虑"，结果人招进来以后发现并不适用，但又无别的岗位可调整，只能放在辅导员岗位上勉强用着，对其个人发展和学生工作都有阻碍，容易产生大龄未婚辅导员现象等，实际工作效果差。更有甚者，个别领导基于辅导员入职门槛低、招聘时人为操作空间大的实际，从留校学生中安排几个"唯命是从"的到辅导员队伍，也在事实上造成了进入、用人程序的"不严肃""不严谨"，这也容易让其他任课老师把辅导员这一职业看低。

3. 辅导员职业"两条腿走路"有漏洞，腐败风气乘虚而入

高校辅导员虽有一定的发展路径，如晋升职称、提升职级即所谓"两条腿走路"，但是面临僧多粥少的大环境大背景下，有职级晋升时大家一窝蜂地去跑关系走后面走职级发展的道路；面对职称评判时，大家又一窝蜂地整材料"闭门造车"走职称发展的道路。对于高校来说，这是在浪费公共资源，对于辅导员来说会产生面对职称和职位望而却步，导致不思进取，看淡一切。对于学生来说，辅导员的进取心会自然不自然地感染给学生，有的辅导员面临的低工资与繁杂的工作会产生不健康的心理与堕落的思想，社会上腐败风气

随之乘虚而入，有的辅导员把持不住就会越陷越深而葬送自己。另外，各高校也不乏辅导员的敬业精神和奉献意识开始淡化的现象，社会上的"浮躁"情绪在高校中蔓延，有的辅导员对学生工作的精力投入明显不足，没有动力，就会产生"做一天和尚撞一天钟"，相当数量的辅导员缺乏使命感，责任心不强，影响了学生工作的效果，导致辅导员的"沉沦"和"流失"。

三、高校辅导员队伍管理创新举措

（一）领导重视，形成共识

认识是行为的先导。只有充分认识高校辅导员职业化的重要性，才能加快辅导员职业化的进程。教育部文件《教育部关于加强高等学校辅导员班主任队伍建设的意见》明确提出，"要统筹规划专职辅导员的发展。鼓励和支持一批骨干攻读相关学位和业务进修，长期从事辅导员工作，向职业化、专家化方向发展"。可见，国家对高校学生辅导员职业化发展已经提出了明确意见。根据一般规律，要推进一项工作发展，领导重视是关键。实现高校学生辅导员职业化也不例外。只有地方教育行政部门和高等学校的领导真正重视了，才能把辅导员队伍职业化建设作为一项战略任务来抓，才可能对辅导员的地位给予明确，才可能切实解决辅导员的待遇、职称评定、发展出路等有助于实现其职业化的问题。

因此，政府、高校的领导及其出台的政策都要鼓励辅导员走职业化道路，鼓励辅导员成为职业型、专家型的学生工作者；要让辅导员通过系统的培训、实践的积累、对教育对象心理和特点的研究，成为学生事务管理、心理健康教育或职业发展教育等方面的专家。然而，辅导员职业化是一个漫长而渐进的过程。要实现这个目标，还需要教育行政部门与高校在认识上统一，在组织上给予保证，在实施策略上采取恰当的方法；需要政府、高校一起探索实践各种有效的措施，真正推进高校学生辅导员职业化发展，确保高校学生工作的实效。

（二）构建辅导员人才培养体系

加快辅导员职业化发展的措施之一就是要提高辅导员的业务素质。辅导员业务素质的获得主要是通过学历教育、专业知识和教育科学理论学习及工作实践的锻炼来完成的，包含职前培养和职后培训两个方面。

1. 职前培养

目前，我国和"辅导员"工作最相近的思想政治教育专业已经具备了本科、硕士和博士等多层次的培养能力，但其主要目的不是为了培养高校学生工作人才的，所以在课程设置、培养方式等方面没有突出该职业的特征和要求。而当前的学生工作领域已由原来的思想政治教育和学生管理拓展到助学服务、心理辅导、就业指导、职业生涯规划辅导、课外活动指导等多领域。辅导员需要运用多种知识去解决工作中的各种问题，仅仅依靠思想政治教育单一学科很难培养适应学生工作专业化发展的专门人才。

在美国，高等教育的博士培养计划中，有针对学生事务的培养方向。南加州大学高等教育计划适用的职业领域首先是学生服务，哥伦比亚大学也将学生人事管理列为高等教育博士培养计划的适用领域。根据国外学生事务的培养情况和当前我国的现实需要，笔者认为我国也可开设"辅导员"专业，培养从事学生工作的专门人才。

高校可以在思想政治教育学科中增加辅导员专业，通过系统的专业化教育，培养出一批具有深厚理论功底、具备相关工作技能、专门从事高校学生工作的硕士、博士辅导员，提高辅导员队伍的专业水平和整体素质，从根本上解决辅导员的来源、学历与素质问题。

辅导员专业的学生可以从普通高校四年制本科优秀毕业生中招考、选拔。既可以是思政、哲学、教育、心理等相关本科专业，也可以是希望以后从事辅导员工作的其他专业学生。此外，在职辅导员也可报考，通过辅导员专业的学习，提高自身的学历层次和实际工作水平。

以下是"辅导员"专业培养目标、专业方向、课程设置的设想。

（1）培养目标：在知识素养方面，一要掌握马列主义、毛泽东思想和邓小平理论的基本原理；具备良好的思想品德、社会公德和职业道德。二要具有一定的人文科学、社会科学、自然科学基础知识和本专业基本理论、基本技能、方法和相邻专业的基本知识，具备从事本专业工作的业务素质。三要具有一定的体育卫生保健知识。此外还要具备相应的能力素质，包括组织管理能力、调查研究能力、写作沟通能力、语言表达能力、开展学生心理咨询活动的能力、职业就业趋向分析和职业指导能力、教书育人能力、心理受挫的承受能力等。突出强调科研能力，该专业的毕业生应该能够深入钻研高校学生工作规律，能对学生工作前瞻性研究。

（2）专业方向：在安排学生系统学习专业基础课程的基础上，可根据当前高校学生工作的需要，设置不同的研究方向，如：思想政治、人际关系、社团组织、生涯规划、就业指导、健康保健、心理咨询等，学生根据自身兴趣爱好选择，并作为今后从事研究的主导方向，使他们在"专"的基础上达到"精"，学有所长，为今后的"高学历、专家型"辅导员发展方向打下基础。

（3）课程设置：首先，要注重打好马克思主义的理论基础，提高学生的理论水平，这是辅导员政治素质的基本保证和"看家本领"。其次，开设与未来辅导员工作关系最直接、最密切的如政治学、教育学、心理学、法学、管理学、职业规划学等课程，提高他们做好工作的理论知识水平。再次，注重文理交叉学科的设置，优化学生的知识结构，如开设现代科技概论、系统科学、社会调查与统计分析等，不仅能扩大这些未来辅导员的知识视野，而且能增强他们开展科学调查研究的能力。

据了解，山东大学已经开始"学生事务管理与发展指导"专业硕士研究生的培养，这是一个很好的信号。相信不久的将来，"辅导员"的专业化培养、职业化发展会越来越成气候的。

2. 职后培训

由于历史原因，高校现有的辅导员学历层次、专业背景各异，大多数未接受过专业化教育和系统培训，因此，要通过培训现有的辅导员来提高整体的专业素质，从而加快辅导员队伍的职业化进程。

岗位培训是一门科学，政府和高校应当结合辅导员工作实际情况开展。要将辅导员个人职业培训纳入辅导员队伍整体发展规划，通过相应层次的培训，使之明确职业发展目标，激发职业发展潜能，提高职业能力。

对辅导员进行培训的内容应结合具体工作实践，主要包括辅导员政治素质培训、教育学和心理学等相关学科知识培训、现代教育理论和现代教育技术培训、学生职业指导和创业知识培训、学生心理健康辅导培训等。近年来中央和教育部出台了不少相关的新政策，在中央和教育部的政策、文件精神指导下，高校会根据各自的实际情况制定符合学校特点、独具学校特色的规章制度。例如：辅导员工作条例、考核细则、学生手册等。各高校也应组织辅导员培训，使辅导员及时领悟学校精神，熟悉各项业务知识。

在开展全员培训的基础上，可以有计划有步骤地开展分类培训，使一批有能力、有兴趣、愿意长期从事学生工作的辅导员成为职业型、专家型辅导员。

（三）激发辅导员的工作动力，留住人才

1. 健全辅导员工作考评机制

健全辅导员工作考评机制，做到"奖勤罚懒""论功行赏"，对辅导员职业化发展具有促进和保障作用。辅导员的考评，是对辅导员在一定时期内的学生工作做出评价的过程，是对辅导员工作成绩与不足的系统描述。考评是科学管理评价辅导员的重要环节，一方面可以使学校和辅导员了解工作效果，为改进工作提供依据；另一方面，考核的结果是对辅导员实施奖惩的依据，可以激励优秀，鞭策后进。对辅导员的考评必须充分考虑辅导员工作的性质和特点。辅导员的考评主体，应该包括学生、院系和学校党委学生工作部门。辅导员的考评内容，主要是德、能、勤、绩四个方面。

在实际考评工作中，必须将这四个方面细化为具有操作性、可测性的具体项目：辅导员的"德"，可从思想政治素质、品德修养、工作作风、理论政策水平等四个分项目加以考察。对这四个分项目，还可以进一步细化为子项目。比如思想政治素质可以进一步细分为：①坚持四项基本原则和改革开放，在大是大非面前能旗帜鲜明地与党中央保持一致；②忠诚党的教育事业，热爱学生工作；③有艰苦奋斗、无私奉献精神和集体主义观念；④积极参加学校和院系组织的政治学习和业务培训。

辅导员的"能"，可从组织能力、宣传发动能力、创新能力等分项目加以考察。同样，要将这些分项目细化成子项目。比如组织能力，可细化为：①掌握一定的领导艺术与管理办法，善于选人、用人、培养人；②决策正确，计划周密、各项工作井然有序；③定期开

展学生干部培训，对班委、团支部开展工作指导有方，学生干部对班级活动组织得力等。

辅导员的"勤"，主要考察辅导员是否能坚守岗位，认真履行辅导员职责，积极参加院系组织的各项活动，定期深入学生宿舍、教室；是否经常到学生中去，及时了解和掌握学生的思想动态，关心学生学习、生活、工作，解决学生的问题和困难。可以据此制定相应的子项目，如每月深入班级或学生公寓的次数、每月听课次数等。

辅导员的"绩"，可从学生信息反馈、对学生日常思想教育、行为管理、班风建设、学风建设、学生党建、就业指导、帮困助学、工作研讨成果等分项目加以考察。这一部分的考核是最重要的内容，既包括了辅导员的思想教育、行为管理、班风学风建设等基础性工作成果，也包括了学生党建、帮困助学、就业指导等专项工作成果，在辅导员考评中应占最大权重。

在辅导员考评方面，上海大学的做法值得借鉴。上海大学建立起了一整套辅导员考评机制，形成了学校考评学院、学院考评个人的工作评价体系，并且创建了"辅导员工作日志"等记录辅导员日常工作过程的"痕迹"考核机制，弥补了过去年终一次性"总结"考核的不足。同时，结合考评建立起有利于辅导员成长和发展的"12345"激励机制，即每年从优秀辅导员中选送1%的同志出国进修，2%到校外进修，3%到各级党校进修，4%赴市区县挂职锻炼，5%在职进修思想政治教育专业学位。同时，该校还建立了连续两年考评不合格者不得继续担任学生辅导员工作的退出机制。上海大学的这种做法有利于辅导员的职业化发展，实施得好就可以加快辅导员职业化进程。

2. 采取多样化的激励措施

要想留住人才，推进高校学生辅导员职业化发展，就必须充分考虑辅导员的工作认同感，采用多样化的激励措施，提升辅导员的工作动力。

激励是管理学上一种非常重要的功能，是管理心理学的核心问题，它主要是激发、鼓励、维持动机，调动人的积极性、主动性和创造性，使人有一股内在的动力朝着所期望的目标奋勇前进的心理过程。自20世纪二三十年代以来，管理学家、心理学家和社会学家们就从不同的角度研究了应怎样激励人的问题，并提出了许多激励理论。比较有代表性的有马斯洛的"需要层次理论"、麦克利兰的"成就需要理论"、赫茨伯格的"双因素理论"和罗伯特·豪斯的"综合激励模式理论"。

激励理论认为，人能够被某种因素所激励而积极，也可能被某种因素所刺激而消极。人的行为，一方面受其个体变数的影响，另一方面又受其所处环境因素的影响，这两个变数是影响行为的决定因素。而激励的方式主要有两种：一是外在的激励方式，包括：福利、晋升、授衔、表扬、嘉奖、认可等；一是内在的激励方式，包括：学习新知识和新技能、责任感、光荣感、胜任感、成就感等。其中，外在的激励方式虽然能显著提高效果，但不易持久，处理不好有时会降低工作情绪；而内在激励方式，虽然激励过程需时较长，但一经激励，不仅可提高效果，且能持久。

根据激励理论的观点，激励辅导员，不能以金钱刺激为主，而应以其发展、成长和成就为主。每个辅导员的需要可能各不相同，有效的激励方式就在于满足这种多样性的需求。对不同的辅导员，应区分对待，并有所侧重。任职年限较少的辅导员由于经验不足，首先需要为他们提供业务技能提高的途径，满足他们提高职业技能的需要。而对于有一定工作经验的辅导员，激励措施则要体现辅导员实现自我的需要，满足他们的成就感。高校应该为辅导员搭建成才的平台，使他们明确未来的发展方向，从而在给予辅导员一定自由和自主权力的基础上更好地激发辅导员的工作热情。

激励的办法很多，针对不同情况可以分别采用不同的激励方式，比如：工作激励、成就激励、晋升激励、荣誉激励、物质激励、处罚激励等。

辅导员从物质激励、荣誉激励、晋升激励等激励措施中获得的是外在满足，从工作激励和成就激励中获得的是高层次的内在满足。高校需要采用多样化的激励措施，通过科学的激励来激发辅导员的工作动力，留住人才，从而推动辅导员队伍职业化发展。

（四）建立健全高校辅导员职业化的机制

推进高校辅导员职业化进程，不仅需要以提高认识为基础，而且还需要健全的机制为保证。

1. 完善高校辅导员的选拔机制

辅导员是高校从事德育工作、开展大学生思想政治教育工作的骨干力量，是大学生健康成长的指导者和引路人，其为社会主义现代化建设事业培养合格建设者和可靠接班人的光荣使命和重大职责决定了对其素质和能力的要求。因此，推进高校辅导员职业化建设，首先要有严格的选拔制度，把住辅导员队伍的"入口关"。

要按照政治强、业务精、纪律严、作风正的要求认真选拔辅导员，以保证大学生思想政治教育工作队伍的高素质。政治强就是要求辅导员具有较高的思想政治素质，有坚定的理想信念和追求，特别是在政治立场和政治方向问题上要始终与党中央保持一致，坚决执行党的教育方针。业务精就是要求辅导员：接受过较高学历的培养，具有较为扎实的思想政治教育专业或相关专业的基础知识，掌握做好大学生思想政治工作的规律和技巧，具有从事科学研究的能力及探索创新的能力。纪律严要求辅导员具有很强的纪律性，有大局意识和责任意识。作风正要求辅导员具有良好的工作作风，艰苦奋斗，勇于奉献，公正廉洁，敢于打硬仗，敢于面对面解决问题。

要切实制定严格的选拔程序，尽可能采用公选制，即学校组成有学工、人事、组织等部门联合参与的面向社会公开选拔学生辅导员。选拔的基本程序是面向社会广泛发布信息，包括岗位设置、人员数量、职责要求、任职资格等准入标准和要求，参加学校单独组织的考试，从上线人员中按3:1比例确定面试对象进入面试，面试合格后，按2:1比例参加岗位实习，根据实习表现择优聘用。整个程序均公开进行。这是最好的模式，更有利于严把

"入口关",也是进一步完善辅导员队伍职业化的最佳途径和方法。

2. 拓宽辅导员的发展机制

长期以来,辅导员的发展有两大途径,一是职务途径,一是职称途径。实践表明,职务途径比较顺畅,有一定机制保障。而职称途径难度较大,且缺乏必要的机制保障。而完善职称评聘机制是辅导员职业化发展的主要动力,对此,中共中央国务院〔2004〕16号文件指出,要完善思想政治教育队伍的专业职务系列,从思想政治教育专职队伍的实际出发,解决好他们的教师职务聘任问题,鼓励他们安心本职工作,成为思想政治教育方面的专家。教育部在相关文件中也指出,要切实解决好辅导员评聘教师职务问题,根据辅导员岗位职责要求进一步完善相应的专业技术职务评聘标准。各地教育部门和高等学校要按学校教师职务岗位职数的比例评聘专职辅导员的教师职务。各省市和有条件的高等学校应成立专门的评审组织,评审中要充分考虑辅导员工作的特点,注重考核思想政治教育工作的实绩,特别是在关键时刻的表现。综上,完善辅导员的职称评聘机制主要包括:①评聘标准要体现辅导员的工作特点。②要有评聘职数。③最好成立专门的评聘组织。因此,建立有利于辅导员职业化发展的行之有效的职称申报体系和评聘机制已势在必行。目前,一些省市和高校的做法是值得借鉴和推广的,如上海市正在探索将辅导员队伍的职称评聘单独作为一个系列,纳入学校职称的评聘制度。此外,还为每一位辅导员提供职业生涯规划,鼓励一部分优秀辅导员走职业化道路。华中科技大学在辅导员中专门设立3%和25%的教授岗和副教授岗、讲师岗不限。上述做法不仅为畅通辅导员职称评聘机制做出了贡献,而且为辅导员向职业化发展拓展了路径。

3. 加强辅导员待遇的落实机制

《中共中央国务院关于进一步加强和改进大学生思想政治教育的意见》明确提出:"辅导员、班主任工作在大学生思想政治教育的第一线,任务繁重,责任重大,学校要从政治上、工作上、生活上关心他们,在政策和待遇方面给予适当倾斜。"教育部有关文件指出,高等学校要根据实际,将辅导员、班主任的岗位津贴等纳入学校内部分配体系统筹考虑,确保辅导员、班主任的实际收入与本校专任教师的平均收入水平相当。专职辅导员在职攻读学位和国内外业务的进修,应纳入学校教师培训计划,享受学校有关鼓励政策。党和国家给予辅导员的政策和待遇,是辅导员队伍建设和发展的物质保障。然而,保障要发挥作用,就不能仅仅停留在文件上,必须落实到实际中,使之转化为现实,为此,落实机制的完善至关重要。

目前,许多高校在落实机制上做了有益尝试,值得借鉴和推广,如湖南农业大学规定辅导员享受学院教师同等待遇,学校还单独为辅导员补助手机费,发放业务学习补助费,为在学生公寓值班的辅导员发放加班补助费等。中南大学为辅导员设立每月岗位津贴。目前很多高校都有不同程度的提高辅导员待遇的办法和措施。辅导员相关待遇的落实,有助于推进其职业化进程。

4. 强化辅导员的培养机制

强化高校辅导员的培养机制，也是加强辅导员队伍建设，提高辅导员自身素质，提升辅导员育人能力和工作水平的重要保障。

中共中央国务院〔2004〕16号文件明确规定：实施大学生思想政治教育队伍人才培养建设工程，建立思想政治教育人才培养基地。选拔推荐一批从事思想政治教育的骨干进一步深造，攻读思想政治教育相关专业的硕士、博士学位，学成以后专职从事学生思想政治教育工作。要采取有效措施，组织辅导员参加社会实践、挂职锻炼、学习考察等活动，不断提高他们的工作能力和水平。中央的决策深谋远虑、高瞻远瞩，为高校辅导员队伍的建设和职业化推进工作指明了方向。为了落实中央文件精神，教育部在《关于加强高等学校辅导员班主任队伍建设的意见》中指出，各地教育部门和高等学校要制定辅导员、班主任培训规划，建立分属次、多形式的培训体系。在教育部制定的《2006—2010年普通高等学校辅导员培训计划》中明确指出辅导员的培训分三个层次：全国、地方、学校。提出建立教育部与各省市辅导员研修基地，同时提出以高校系统培训为主，对培训的层次、规模、课程、队伍、经费等作了全面的说明和明确的要求。

5. 健全辅导员的考评机制

在制定考核制度时应遵循定性分析和定量考核相结合、年度考核与平时考核相结合、领导考核与学生评议相结合、考核结果与个人待遇相结合的原则。并把客观、公正的考核结果作为辅导员评优、晋升提职的重要依据。量化考核管理应秉承责、权、利相结合的原则，进而规范和完善奖惩统一、能上能下的科学用人机制。

要在"宽"上做工作：一要放"宽"职称评定标准和科研口径，鼓励辅导员多做科研，既可以是思想政治教育方面，也可以是原来所学专业。要将辅导员队伍打造成既是思想教育工作的能手，又要使其在所学专业方面有所见长。二要放"宽"工作时间，实行弹性工作制。特别是新进辅导员，他们刚刚毕业，仍保持着发表论文的热情，因此，要给予其充足的时间，让其在日常事务之余搞好学习与科研。为此，各地方和高等学校应切实加强对辅导员的考核，建立健全符合大学生思想政治教育工作和日常事务管理工作要求的考核评价体系，完善考评程序，畅通奖励与淘汰渠道，丰富考评方法。对此，前文中提及的上海大学建立起的一整套辅导员考评机制有效地规范和督促了辅导员的言行和工作责任性，激发了辅导员的岗位意识和责任，有助于推进辅导员职业化的进程。

（五）适度分离"事务性工作"与"思想性工作"

常听到辅导员抱怨忙，但是究竟忙了些什么呢？忙是原因也是结果。需要分清楚分内和分外的事情，分辨自己的事还是别人的事情，分清楚紧急的事情还是不紧急的事情。另外，要分离"事务性工作"与"思想性工作"，把辅导员从繁忙的事务性工作中解脱出来，我们可以借助现代化的办公手段和网络媒体，如建立、完善学工信息管理系统和学生信息管理系统等。目前，在江苏省宿迁学院采用的学工系统和动态系统以及教务微信选课与各项通知查询系统已经在学生工作中切实发挥了相应功能，对唤起学生自主管理、自我服务意识起到了一定作用，值得进一步推广。

我们也要看到，学生事务性管理工作和学生思想政治教育两者的分离是相对的、不是绝对的，事务性工作过程中渗透着思想教育的成分，也承担着高校育人的功能；而思想性工作也不是纯粹"为思想而说教"，任何不能解决学生实际问题的思想政治教育都是苍白没有说服力的。实现"事务性工作"与"思想性工作"适度分离，就是要注重发挥"大思想政治教育"的综合育人效能。

（六）"上岗培训"与"资质资证"结合，提升综合素质能力

辅导员从事的学生管理工作是一门理念型、情感型的职业。它面对的是同教师一样的生成性的教育，任何相对固定的技能技巧的作用都是非常有限的；它要由辅导员根据自己浸入生命而形成的对学生工作的领悟和对教育情境的理智性判断来创造性地运用，方可成为有效的技能技巧，而不是凭借常规的、模式化的技术来对学生及其事件问题进行各种处理。所以，要首先在学历和资格认证等方面提要求，必须经过辅导员的上岗培训方可参与学生事务的管理，而且必须经过初任培训、资格培训、更新知识培训等。对于学历层次不高的辅导员需要在职进修，攻读硕士学位，参加各高校统筹安排的集中学习和培训活动等，这样在一定程度上提高了学工队伍的知识涵养；其次是引导辅导员树立职业化和专业化的思想，重视高校教育学与心理学的知识灌输，重视心理咨询师证书、职业指导师证书的持有数量的鼓励。这在一定程度上让辅导员感受到"人文关怀"，高校是重视他们的发展的。

（七）努力解决"针与线"的关系，理顺各方工作关系

积极营造高校"全员育人"的氛围。进一步优化辅导员的工作环境，增强辅导员工作效能和事业的成就感，把辅导员工作看作是一项事业来抓。

第一，改革高校学生工作队伍的整体架构，理顺辅导员工作与相关处室、职能部门之间的关系，以文件的形式明确规定涉及学生工作的各职能部门和人员的职责，哪些工作是辅导员必须完成的，哪些是各相关职能部门做的，如辅导员与教务处、学生处、后勤处、图书馆、财务处和保卫处、医务室等相关涉及学生工作的职能部门的任务分工。在对教学管理、宿舍管理、卫生保健、就业指导、催缴学费等，可以将功能关联性强的部门合并，功能性单一的部门独立出来，事务性强的部门（宿舍卫生）社会化或后勤化；具有自主教育意义又较为简便的一般性工作采取学生自助管理或数字化管理相结合等。这样从源头上以解决辅导员"一根针"难引"千条线"的矛盾，减轻辅导员事务性工作负担，增强思想政治教育的主导性、针对性，提高学生管理工作与思想教育的内涵和效能。

第二，理顺各部门的层级关系。高校辅导员是在学校、学院党委的直接领导下正常开展工作的，但是在很多高校存在多头领导、多头管理的现象，各职能部门直接向辅导员下

达或分配任务。各高校的领导和相关处室应该高度关注辅导员队伍的稳定与发展，健全各部门与辅导员的联系机制，通过制度约束各部门的官僚作风与推诿现象，这样一方面把辅导员从繁杂的师事务性工作中解放出来，另一方面，推动学校完善管理、提高效能，对提高辅导员的地位也有一定的帮助。做到责权对等才可以让辅导员找到归属感，实现辅导员自我价值，维护辅导员的队伍的良性发展。

（八）"科学管理"与"全面考核"双管齐下，给辅导员吃"定心丸"

建立健全科学的辅导员管理与考核机制，加强辅导员队伍建设的外在保障。只有使辅导员的个人发展有路径支持，工作实绩能得到充分肯定，才能使辅导员敬业爱岗，以饱满的姿态投入工作。所以高校需要从维护权益，稳定队伍、促进校园和谐的高度，建立健全辅导员全面评价体系。具体来说，可以从辅导员是否确立并自觉遵守学生工作的伦理纲领，热爱本职工作；是否具备积极健康的人格特质，自我认知、自我评价、心理调控能力和健康的人格特质是否健全；是否具备系统、科学的专业知识结构，是否具有娴熟的学生工作专业技能；是否得到学生的认可与热爱，等等。学生工作的对象是学生，是学校的主体，是充满发展潜能的人，因此辅导员首先必须要有积极认真的工作态度和全身心投入的工作精神。

打铁还须自身强，辅导员只有具备较高的政治理论素养和理论水平，具有高等学校教育学、心理学的知识，对学生工作的一般规律有较好的把握和研究。具备管理学、行政学、法学、哲学、社会学、计算机科学、经济学等方面的知识和原理。具备组织能力、管理能力、表达能力、调研分析能力，以及心理辅导技能、职业辅导技能等，那么，我们心里才会有底气和焕发出无穷的人格魅力，才会坚定并喜欢辅导员工作，并把它作为一项毕生的事业来完成。

健全竞争淘汰机制，实行动态管理。一方面，对专职辅导员进行一定的岗位实训、岗位轮换和挂职锻炼，实行不同院系乃至不同高校、校企合作单位之间的交流，学生工作管理岗和基层辅导员之间的岗位流动，使广大辅导员通过接触新岗位、新环境和新内容，避免职业疲劳，不断充实自我，挑战自我。另一方面，通过流动机制，加强动态调控，强化考核的立体结构，切实发挥竞争淘汰作用，把真正"职业化""专业化"的辅导员留在队伍中，确立骨干地位，发挥示范效应，实现良性循环。同时，应该大胆启用和重用立场坚定、素质过硬、工作出色的年轻辅导员，让他们走上相关工作的管理、领导岗位，为学生工作的全面推进发挥更大的作用。

（九）提升职业敏感度，合理规划自身职业发展愿景

组织行为学上提到，职业敏感度包括职业弹性、职业洞察力和职业认同感三个方面。对高校辅导员来说，对外部环境变化适应能力较强，自身所掌握的知识技能越多，其职业弹性就越大。辅导员对自己兴趣、优势和不足的自知能力以及对组织变革等职业影响因素

的感知能力的认知越清晰,其职业的洞察力越强,越能及时做好各种应对的准备。辅导员对工作中个人价值的认可程度越高,对职业价值的自我认同程度越高,就会更能增加工作的积极性,以饱满的热情投入工作之中,形成良性的职业发展状态。

对于辅导员而言,如果写作能力出众,可以去做党政宣传工作;组织策划能力出众,可以考虑共青团工作;处理问题灵活有章法可以做处理复杂矛盾的保卫、纪检等工作;但是有一条,不论怎样,我们都要做一个业绩优秀并深刻理解学生工作的人!

辅导员需要加强学习调研。在新时期,面对新一代大学生群体,他们是最容易接受新知识、新事物的年轻群体,辅导员只有努力掌握有关工作的新技能、新知识,不断提高学习能力,建立扎实的知识体系,才能适应辅导员职业不断发展的内要需求。同时,接受专业组织引领。随着辅导员制度的发展和完善,辅导员专业组织也逐渐建立起来,并有了全国性的辅导员组织,有了辅导员微博微信群和高校辅导员联盟。加入和接受这些专业组织,有助于强化辅导员职业身份,有助于推动辅导员工作的专业研究,有助于增强辅导员的专业感知和事业归属,有助于激发辅导员职业潜能。

第二节 高校辅导员队伍建设:人力资源层面

西奥多·舒尔茨提出,国际竞争的关键就是人力资源的竞争。高校是人力资源开发的高地,加强高校的人力资源管理更是增强高校自身核心竞争力的重要途径。这对于落实党中央提出的科教兴国、人才强国战略具有重要意义。

一、高校人力资源管理概述

(一)高校人力资源管理的特点

高校是高层次人才的积聚地,与一般企业相比,高校人力资源管理有其自身的内涵与特征。高校人力资源的范围比较广泛,其基本组成为:教学科研人员、管理人员以及后勤人员。其中,教师是主体,管理人员是关键。由于教学科研人员的劳动是一个十分复杂而艰辛的脑力劳动过程,因此,高校人力资源管理不只是一个简单的通过行政命令进行管理的过程。它是以将教职员工所具有的潜能最大限度地开发出来为目的,更强调激励与发展,更注重工作效率和工作质量的提高。

1. 人力资源的综合性较强

综合性指的是地方高校人力资源管理对象的综合性。从高校人员成分来看,有教师、教辅人员以及管理人员。从受教育程度来看,有大专、本科、硕士、博士。一方面,作为高校人力资源的主体,教学与科研人员普遍具有较高知识水平和较强的科研能力,在这个层面上的人力资源管理不仅涉及针对不同专业的师资培训，还涉及各类师资专业知识更新、教学方法传授、组织协调训练等。另一方面，高校人力资源中的管理层面以及与之配套的后勤服务系统等各要素之间的协调，还涉及诸如政治、经济、文化、组织等因素。由此可见，人力资源的综合性使高校人力资源管理成为高校各项工作的重心。

2. 需求层次较高

高校中教师文化层次比较高，具有高学历、高职称人员比较集中，他们十分注重对高层次精神需求的追求，相对于物质激励而言，更关注对精神激励。他们的自我成就意识强，对于实现自我价值的渴求以及获得尊重的愿望更强烈，因而对于创新探索富有极大的热情。因此，高校人力资源管理中的一个重要方面就是要深化高校人事制度改革，优化师资队伍，建立完善的激励机制，最大限度地激发广大教职员工的工作积极性。

3. 流动性较强

高校人力资源中的主体教师是高学历、高智力的知识密集型群体，在市场经济条件下，师资的流动也是市场对高校人力资源优化配置的结果。如前所述，教师所具有的强烈的自我成就意识以及他们对高层次的精神需求的期待会促使其对追寻合适于自身职业发展的环境充满急切的期望。这是高校师资流动的主要内在驱动力。

4. 运行机制灵活

与一般企事业单位不一样，高校教师通常不需要坐班，高校对于教师的管理往往采取松散灵活型的管理机制，主要结合教学任务和科研任务而展开。在管理监控中，常常采取目标控制为主、过程控制与目标控制相结合的方式来保证对教学计划和科研计划的实施。教师只要完成教学以及科研工作量，在工作时间、内容等方面都可以灵活地自行安排。在这样一种管理运行机制下，教师具有很强的独立自主意识，倾向于工作中的自我引导，更热望于工作在宽松自由的工作环境中。因此，针对这一特点，在对教师管理过程中如何实施自我管理、自我激励、松紧一致的管理机制是高校人力资源管理的重要内容。

5. 具有教育性

教师是人类灵魂的工程师，高校的一切工作都是围绕教育而展开，毋庸置疑，鲜明的教育性是高校人力资源的本质特征。教育性也是社会赋予高校的一种责任，它必须根据社会发展对人才的需求有目的、有计划、有组织地对教育对象实施教育。事实上，即使是教育者自身也是经过这样的教育过程培养来的。因此，高校师资的水平直接关系到高校的教育质量。

（二）目前我国高校人力资源管理的现状

我国高校人力资源管理从根本上来讲，还不是真正意义上的现代人力资源管理。虽然近十年来高校在人才引进、教师激励、干部任免等方面的人事制度改革有了长足的进步，但是，我们应该看到在传统的人事制度以及习惯意识的影响下，高校人力资源管理仍然还带有很深的计划经济的痕迹。事实上，在高校人力资源管理上仍然存在许多与社会发展不相适应的弊端。

1. 战略性人力资源管理理念与实践的缺失

战略性人力资源管理就是基于高校整体的、长期的战略目标而制定的人力资源管理政策、制度。目前，我国高校都纷纷制定了自己的中长期发展规划，确立了自己的办学定位。但大多数高校缺乏科学合理的人力资源中长期规划，人才培养使用存在短视行为。由于缺乏明确而合理的人力资源长期规划，致使一些高校人事管理工作无法为学校长期发展提供人才保证。在人才设计上缺乏长远策略，人才培养流于形式。要真正稳定高层次人才，使他们出成绩，后续培养非常重要。很多高校在这方面做得不够，人才引进以后重使用、轻培养，对于有很好潜质的人才不培养、不敢培养，怕他们流失，这是一种短视行为。人才流失不是人才培养的必然结果。人才成长有其周期性，应努力造就一个优化人才健康成长的环境。

2. 人力资源管理观念落后

根据一些高校的人力资源管理现状来看，高校人力资源体制仍然是沿袭过去在计划经济条件下建立起来的一套人事管理制度，人力资源的行政配置性和垄断性在高校人力资源管理中根深蒂固，特别是高校中许多人力资源管理者在思想上仍然停留在传统的人事管理观念上。对于师资的管理强调的是"管人"，而不是对人力资源的再开发。工作中常常用现成的政策法规管理人事，约束人事，从而使一些教师心理上感到压抑，工作缺乏热情。事实上，高校人力资源部门大多仍称"人事处"，观念上的落后必然导致管理方式上的落后。

3. 人事制度改革滞后

随着我国改革开放的不断深入，以市场经济为主导的社会主义经济发展模式逐步完善，相比之下，我国高等教育包括高校人力资源管理在内的改革越来越显得滞后，特别是建立在计划经济体制下的高校人事管理制度所具有的弊端日显突出。事实上，高校人事制度改革多流于形式，常常表现为形式多于措施，措施多于实施。在职称评聘工作中，仍然实行终身制。"只能上不能下""只能进不能出"的观点仍然主导着高校人事管理者的思维。许多高校在教师的聘用、培养以及薪酬管理等多方面多以上级文件为准则，按照批处理方式，搞一刀切，从而不能有效地开发师资队伍所具有的潜能。

4. 人力资源配置不合理

由于高校人力资源市场机制尚未完善，一方面使得人力资源配置缺乏整体规划，另一方面也没有一个促使其自动趋于平衡配置的内动力，从而导致高校内部人力资源配置长期处于不合理状态，其主要表现在人才队伍结构、学历结构、职称结构、职务结构以及年龄结构等方面的失衡。另外，由于近几年高校招生规模持续扩大，更加大了多数高校本来就存在的师生比例失调的状态。更有一些高校存在普通教师过剩而缺乏学术带头人，教学型教师过剩而科研型教师不足。

5. 激励机制不健全

目前，高校教师工作考评和激励机制尚未完善。从薪酬制度来看，现行的薪酬制度主要是基于职务和职称的基础上，其突出的弊端是个人实际贡献与激励政策脱钩，这样的分配制度是薪酬、考核结果与奖励、晋升相分离，干好干坏一个样，干多干少没区别，因此产生分配不公的现象，从而影响教职员工的积极性。另外，在绩效考核方面普遍存在只重视考查教师的工作量，而忽视其教学质量的考核；教学与科研的关系实质难以摆正，这一状况在职称评审过程中，矛盾表现得更为突出。常常出现重科研、轻教学的倾向。在考核中，作为考核因子一科研成果所占权重较大，它直接关系到教师的职称晋升。显然，它会显著地影响到教师的教学积极性。另外，由于高校教师职称的评聘仍然实行终身制，一朝聘任，终身受用，且只上不下。长此以往，缺乏竞争，缺乏危机意识，从而导致部分教师晋升到一定职务后便不思进取，停滞不前。由此可见，现行的高校人力资源管理中绩效管理考核与激励机制以及职称评聘制度从根本上来看它并没有发挥其应有的推动作用。在许多情况下，每一次绩效考评或职称评聘非但没有有效地调动教职员工的积极性，有时还会节外生枝地产生出许多矛盾和冲突。显然，高校人力资源管理中绩效管理考核与激励机制以及职称评聘制度亟待完善。

（三）加强高校人力资源管理的对策

1. 树立现代人力资源管理理念

中共中央、国务院在《关于进一步加强人才工作的决定》中指出："人才资源已成为最重要的战略资源，要大力开发人才资源，走人才强国之路。"发展高等教育同样要走人才强校之路。在高校人力资源管理工作中，要树立人力资源是第一资源的观念，要树立"以人为本"的理念，建立科学的用人机制。要以教师为主体，实行人性化管理。要尊重教师的自主性和脑力劳动的特殊性，注重对教师的情感投入，不断增强教职员工对学校的归属感和责任感，使高校人力资源的潜力获得最大限度地挖掘。

在高校人力资源管理过程中，还应该充分发挥校部和院系两个方面的积极性，特别是院系基层的积极性。因为院系直接面对教职员工，他们对教师最了解，最容易实施个性化管理。因此，学校人力资源管理部门应尽量放权，让院系在人才管理方面有一个宽松的环境和一定的自主空间。实践表明，这对于充分开发和利用高校人力资源具有重要的作用。

2. 建立和健全人才竞争激励机制

建立和健全人才竞争激励机制是实施高校人力资源开发战略的一个重要步骤，它有利于激活人才创造潜能，促进人才的优胜劣汰。建立科学的人才竞争激励机制首先要改革不合理的人才聘任和评价机制，按照科学的人才观建立合理的人才评价系统。由于在人才引进、职称评聘、学科带头人遴选等过程都涉及对人的评价，如果仅仅是凭借经验和主观意识来评判，常常难以获得客观公正的结论。因此，根据现代人力资源理论，制定科学的测评指标体系，本着"以人为本，效率优先，兼顾公平"的原则评价和选拔人才使用人才。严格实行按需设岗、公开招聘、平等竞争、择优聘任、严格考核、合同管理的教师岗位聘任制度。打破教师职务终身制，建立薪酬与绩效挂钩的管理制度，倡导业绩文化注重能力和实际贡献，以业绩论功行赏，彻底改变只注重学历、职称、年龄等指标而轻视实际能力和贡献的现象。

3. 建立科学的绩效考核体系

建立科学的绩效考核体系是实施有效激励机制的基础，任何激励方式都应该以实际考核测评以及绩效分析为依据。科学的绩效考核体系必须要突出对考核对象实际能力的评价。换句话说，高校对教职员工的评价不仅仅依据其学历、职称及工龄或教龄，更要考查其实际贡献和创新能力。对于教学工作量和科研工作量的考核不仅仅考查其承担和完成的数量，更要评估其质量。通过科学的绩效考核，可以有效地评估受考核者的工作与业绩是否满足其职称、职务及岗位职责的要求。在建立科学的绩效考核体系的时候，还要注意坚持物质激励与精神激励的统一。根据管理学家弗雷德里克·赫茨伯格"双因素理论"，即"激励、保健因素理论"，仅仅处理好组织管理、人际关系、工作条件薪酬待遇等"保健因素"，只能浅层次地消除人的不满，使之安于工作，但不能激发人的主观能动性。在对高校人力资源绩效管理过程中，在处理好上述"保健因素"的同时，更要注重处理好"激励因素"，即满足教师对成就感及精神激励的需求。唯有如此，才能更有效地调动广大教职员工的积极性。

4. 营造良好的用人环境

实施人才强校战略是振兴高等教育的关键，引进人才、留住人才、用好人才则是实施人才战略的重要保证。良好的用人环境不仅包括良好的办公环境，而且更重要的是营造一种和谐的工作氛围。营造和谐的工作氛围首先要贯彻人力资源管理最基本的原则：强制原则，即依靠一系列规章制度强制性地约束员工行为方式，使其克服人们固有的惰性。特别是在办学规模比较大的高校，在强制原则指导下实施的一系列严谨规范的规章制度是十分必要的，它有利于规范管理，确保正常的教学秩序。但是，强制原则只能是最低原则。在高校人力资源管理过程中，仅仅依靠强制原则是远远不够的，它只能使教职员工被动地按照规章制度行事，却不能有效地调动其主观能动性。因此，还必须注重实施激励原则，即在物质和精神两方面对教职员工进行激励。通常，人们会自觉地向受鼓励的方向发展和努力，会在自己尊敬和喜欢的人面前表现更出色，会在和谐、高尚的氛围中完善自己。当然，激励原则也不是包治百病的灵丹妙药，它也是有局限性的。尤其是在知识密集程度高的高校教职员工群体中，他们对于自我价值的实现、个人自尊等方面有更高层次的需求。因此，在营造良好用人环境的过程中，更要注重应用认同原则，即要注重主观与客观、主体与客体的统一。学校人力资源管理者应该通过广泛细致地沟通，努力使教职员工自我价值实现的目标与学校发展目标相一致，使学校成为教职员工自由表现自我、不断创新、张扬个性的大舞台。实践表明,宽松的学术氛围、和谐的工作环境有利于充分发挥教职员工的创造潜力。

5. 进一步发挥教职工在学校管理中的作用"以人为本"的管理理念,必然要求更好地发挥教职工在学校管理工作中的作用

然而,目前我国地方高校人力资源管理的重点,在于发挥专家学者在教学、科研、学科建设等业务工作方面的作用,而较少注意发挥他们在管理工作方面的作用。高校的管理层要转变管理理念,在思想意识上实现由"为民做主"到"以民为主"的转变,真正实行民主决策、民主管理。要让员工更好地参与学校以及所在学院目标和规划的制订,一方面使目标的制定更具科学性,另一方面会增强员工为实现目标而努力工作的主动性;要进一步加强管理者与被管理者间双向沟通的工作,促进相互理解和支持,形成一种和谐的工作氛围;要正确认识行政管理与学术管理的关系,在人才引进、专业技术职务评聘、教师岗位聘任等事务上,坚持学术权力为主导。通过这些措施,更好地确立教职工的主人翁地位,更好地激发教职工的积极性,建设一支快乐忠诚的教职工队伍,推进和谐校园建设,促进学校又快又好的发展。

综上所述,在实施科教兴国、科教兴校的战略过程中,高校人才结构不断发生变化,优秀人才汇聚密度越来越大,其需求层次也越来越高。因此,高校人力资源管理在观念上以及操作层面上都要进行改革和完善。只有彻底更新观念,改革传统人事制度中不合理的部分,树立"以人为本"的人力资源管理和开发理念,建立和健全科学的人力资源绩效管理体系和激励机制,优化用人环境,唯有如此,才能使高校人才引进、人才培养、人才使用以及人才流动处于良性运行的轨道,从而最大限度地激发教职员工的工作热情,加速我国高等教育全面振兴的进程。

二、人力资源管理角度对高校辅导员激励机制的构建

辅导员是高校教师队伍的重要组成部分,是大学生思想政治教育工作的骨干力量,是大学生健康成长的指导者、引路人和知心朋友,为培养社会主义合格建设者和可靠接班人,为维护高校和社会的稳定做出了重要的贡献,是保证高等教育事业持续、健康的发展不可或缺的重要力量。加强高校辅导员激励机制研究,有利于更好地调动辅导员的工作积极性,促使辅导员队伍的社会地位提高,从而形成一支相对稳定而又合理流动、快速成长并且人才辈出的、更具吸引力的辅导员队伍。

(一)高校辅导员的多重身份体现出其工作的重要性

我国高校辅导员制度已有50多年的历史,随着高等教育的发展和高校事务的拓展,对于辅导员各方面的要求也发生了一些变化,由原来单纯的管理工作向管理和教育双重属性拓展,辅导员的角色也由单一身份转变为多重身份。高校辅导员的多重身份正好体现出

他们的工作是十分重要的。具体地讲，高校辅导员的身份有：

1. **思想政治教育工作者**

高校辅导员是思想政治教育工作者，思想政治教育有助于学生树立坚定的思想信念，正确的世界观、人生观、价值观。使大学生能够认识社会发展规律，认识国家、民族的前途命运，意识到自己的社会责任，培养他们树立起为实现民族的伟大复兴、取得社会主义全面小康，乃至实现共产主义的伟大理想。

2. **班级的管理者和服务者**

高校辅导员也是班级的管理者和服务者，每个辅导员都必须对特定班级负责，班级作为学校基层的一个教学单位，辅导员作为班级管理者有责任向班级传达学校（院）通知、指令，并确保其实施。高校辅导员承担着提醒学生注册、检查寝室卫生、配合教学工作、处理违规违纪事件、组织班级活动、评奖评优等系列活动，所以辅导员也是班级的咨询服务者。

3. **学校党政干部的后备资源**

高校辅导员还是学校党政干部的后备资源。不少高校的辅导员都从辅导员队伍中选拔任用了大量党政干部，使其能力得到更大的发挥。

（二）高校辅导员队伍及其激励机制存在的问题

1. **数量不足，结构不合理**

目前全国绝大部分地区的高校存在着辅导员数量不足的问题，国家教育部规定，辅导员与学生数的比例是 1∶120～150，但很多是 1∶180～260，甚至达到 1∶500。结构不合理也是高校辅导员队伍存在的问题之一，主要包括三个方面：第一，年龄结构不合理，年轻化倾向严重。第二，性别比例不合理，不少学校由于学生性别比例的悬殊而导致辅导员配备上出现性别一边倒。第三，学历和知识结构不够合理。

2. **工作任务重，薪酬待遇较差**

高校辅导员的工作任务重、责任大。无论是学生的学习、生活以及思想都属于辅导员工作的范畴，既要完成上级领导交给的行政任务，又要配合老师的教学工作，同时还要处理学生的突发事件，辅导员的休息时间得不到保障。然而辅导员的待遇却不与之成正比，在学校正式编制员工中，辅导员的收入基本上处于底层，由于工作性质的原因，很少有辅导员既担当辅导员工作又开展教学或研究工作的，所以他们基本上没有课酬和研究经费，能领到也就是基本工资，物质待遇的不足严重影响到了辅导员工作的积极性和主动性。

3. **社会地位低，队伍不稳定**

相当于专职和行政领导而言，高校辅导员的社会地位较低，有人戏称辅导员为"保姆"。辅导员的工作零碎烦琐，难以量化和考核，更难直接观察到其成绩，学校领导对其重视不够，对工作不支持，很多人认为辅导员这个职位可有可无。因此很多辅导员都存在着职业倦怠的现象，容易产生受挫感，认为职业前景黯淡，严重影响到了他们工作的积极性和主动性。基于高校辅导员工资待遇低，工作任务重，出路窄，社会声望低的事实，很多辅导员都有严重的心理压力，很多人不愿意长期从事辅导员工作，担任辅导员只是他们往其他方向发展的跳板，这也是为什么高校难以留住优秀辅导员、辅导员队伍不稳的主要原因。

4. 考核不当，激励失效

辅导员工作具有一定的特殊性，因此在绩效考核上要采取合理而有针对性的方式方法。很多高校在对人员进行绩效考核时采取一刀切的方式，无论是搞教学工作的还是搞行政工作的，甚至是搞后勤工作的，都采用同样的方式考核。没有对辅导员岗位进行正确的评价和衡量，考核指标没细化，考核方式不恰当，不公开公正，很多时候只是走形式。很多高校考核的目的不在于帮助辅导员进步，而是想方设法挑剔其毛病，这使得高校辅导员对于考核不屑一顾或者有意回避，激励的作用荡然无存。

（三）从人力资源管理角度构建高校辅导员激励机制的具体措施

1. 高校辅导员的激励和地位提高从招聘做起

发挥招聘的导向作用，提高高校辅导员的地位。招聘条件本身就体现出岗位的地位，条件要求越高的岗位地位就越高。因此，我们在辅导员招聘时应定出较高的条件和要求。不过，这里要求的较高条件并不是指学历上的高要求，高学历人才不一定就适合做辅导员工作。根据辅导员的工作性质，我们应该在招聘时特别强调思想素质好、管理能力强和心理健康的"三优"条件，通过招聘做好社会对辅导员认识的导向，把"三优"人才强化为高校辅导员的代名词，从而取代他们的"低学历"形象。

根据辅导员特征安排岗位，做到人岗匹配、优化配置。在进行辅导员配置的时候，我们一定要结合专业要求与辅导员自身性格的匹配，达到激励的目的。我们既要考虑辅导员本身所学专业，另外也要考虑他的喜好以及性格特征。比如，让性格开朗的辅导员管理艺术类专业的学生，让擅长英语的辅导员管理英语专业的学生等。这样一方面有助于发挥辅导员自身优势，同时也能更好地满足学生的要求，便于工作的开展。

2. 及时培训和合理晋升能起到很好的激励作用

做好岗前、岗后培训。新聘人员对辅导员这个岗位并不了解，也不完全具备岗位所要求的素质，无论是知识水平还是实际操作能力都有一定的差距，所以对辅导员进行岗前、岗后培训就具有很重要的意义。培训主要包括思想政治理论、心理教育人际沟通方法、学生管理技巧等。要对辅导员进行科学的思想理论教育，职业道德、法律意识教育，培养他们正确的世界观、人生观、价值观，只有这样他们才能正确地指导学生，教育学生。岗位技能培训是培训内容另一重要方面，可以请经验丰富的辅导员对辅导员工作内容、岗位要求等做专题报告。另外，我们还应该鼓励辅导员多参加对外交流与学习，并为他们创造这样的机会。比如定期开展经验交流会、研讨会、参观其他高校等。

晋升激励。在辅助辅导员做自我职业生涯规划时，我们就应该注意区分，一部分人希望长期从事学生管理工作，而另一部分则希望从事教学工作。我们应该鼓励辅导员继续学习，取得更高学历以及从业资格，适当放宽他们参与教学工作的要求，给他们从事教学工作开辟平坦的道路。教学辅导工作同时开展，一方面有助于他们改善教学方法，同时有利于他们了解学生在学习方面的情况和规律，更好地开展工作。建立合理的辅导员晋升机制，而不是限制他们终身从事辅导员工作，应允许和鼓励辅导员在学生管理系统或其他系统晋升，比如，有的学校采取"连续从事辅导员工作两年享受副科级待遇、4年享受正科级待遇"的晋升措施，这不仅让高校辅导员有了前进的方向和动力，也改变了他们的社会地位，促进他们不断提升自我、增强工作成就感，达到晋升和成就激励的作用。

3. 加强补充福利，优厚待遇留人

随着生活水平的不断提高和物价指数的增长，加上高校辅导员本来收入就偏低，普遍存在着生活困难的现象。他们一方面承担着自身进修提高带来的成本，另一方面还要承担家庭开销，子女上学、赡养父母等负担。高校在做好法定福利的同时，应该加强补充福利，比如办好附属小学解决其子女上学问题，给年轻的辅导员提供宿舍或者廉价出租房、改善办公条件、建立优越的工作环境等。

根据马斯洛需要层次理论，生理需要是人的最低层次的需要，也是最基本的需要，只有最低层次的需要得到满足才会有更高层次需要的驱动力。也只有在基本生活有保证的前提下，辅导员才能更加专注地工作。所以，我们必须做好物质激励，首先要提高辅导员的待遇，优化薪酬结构。除了基本工资和奖金以外，可以加入绩效奖金，主要根据绩效考核成绩决定。也应允许辅导员参与教学或科研工作，获取相关的补贴和经费。另外，还应适当给予电话或交通补助。

4. 构建科学合理的绩效管理体系是持续激励的根本保障

考评要具有持续性和周期性。考评不能时有时无，也不能时紧时松，而应该持续考核，定期考核，比如月考、学期考核、年度考核等。我们也要注意辅导员的参与性，不能搞成敌对关系，而应该让辅导员切身感受到考评的好处，主动参与，主动改进。

考核要与奖惩紧密挂钩。考核结果和效果具有一定的实效性，我们一定要对考核结果及时进行反馈，并且与奖惩联系起来，做好奖惩激励。对于表现好的辅导员要及时表扬和肯定，让他感受到工作成就感，对于表现不好的要及时纠正和指出，对工作中的不足进行改正和弥补。"榜样和荣誉"也具有很强的激励作用，一方面对考核优秀的辅导员给予一定的物质奖励，也可以通过评选"本月最受学生欢迎辅导员""年度十佳辅导员"等方式达到激励。并且把考核结果作为评优和晋升的重要依据。

5. 允许人才合理流动也是一种激励方式

队伍不稳定是目前高校辅导员队伍存在的严重问题，于是很多学校就严格限制辅导员

调换工作岗位或离校，这样做是不可取的。允许人才合理流动本身就是一种激励方式，原因如下：第一，我们应该靠优越的条件留人而不是通过限制因素来约束人。第二，保留队伍中不适合做辅导员工作的人员对学校而言是一种损失，从长远来看，阻止优秀人才寻找适合自身发展的道路也是学校的一种损失。第三，合理的人才流动是市场经济的基本规律，也是对人才成长的支持和尊重。有计划、有条件、有目的地输送一部分辅导员到其他系列甚至其他用人单位（政府、企业或其他高校等）工作，能让辅导员看到自己的发展空间很广阔，减少"一辈子做辅导员"等政策对辅导员带来的精神桎梏。可以在劳动合同中约定达到一定条件可以允许合理流动，有计划地通过各种渠道推荐高校辅导员，这对辅导员队伍及其辅导员本身的发展起着积极的作用。

三、高校辅导员人力资源管理存在的问题

（一）高校辅导员队伍流动性大，人员不足

国家教育部发布了《关于加强高等学校辅导员班主任队伍建设的意见》，对辅导员工作进行了合理的定位，指出辅导员是高校教师队伍建设的重要力量，并明确提出高等学校专职辅导员总体上按1：200的比例配备，保证每个院（系）的每个年级都有一定数量的专职辅导员。但是当前大部分高校辅导员人数严重不足，同时对辅导员的聘用、任免、晋升等工作缺乏完善的制度保障，导致辅导员队伍流动性大，缺乏稳定性，人员不足。按照教育部的文件规定，每120～160名大学生应配一名专职政治辅导员，但许多高校都没达到这要求。特别是随着高校的不断扩招，学生数量日益增多，辅导员配备不足的现象越来越突出，许多高校每名专职辅导员负责的学生数甚至达到300～400名。这样，学生工作很难做到细致入微和保质保量。一些兼职辅导员精力投入不足，不能很好地履行辅导员的职责，还有的专职辅导员过多地承担了职责以外的其他工作，不能把主要的精力放在学生思想教育及学生指导上，造成了"专职不专，兼职不兼"的问题。

（二）容易产生职业倦怠心理

辅导员常被一些琐碎的事务性工作耽误大量时间，造成了人力资源浪费的现象。高校辅导员的主要职责是大学生思想政治教育工作，但是现在辅导员还兼任了很多行政工作，除了对学生的日常行为进行管理和服务外，还要做好党团建设工作，参与学校精神文明建设、校园文化建设、学风建设，应对学校的突发事件。从而造成了辅导员没有太多的时间去提升自己，长期的进步不前会造成辅导员心理上的自卑。在整个学校的大环境中，辅导员的地位与专业课老师相比也是比较低的。高工作负荷，低收入，低地位，缺少培训和晋升的机会，辅导员的自我价值无法实现，事业无法提升，自然工作的积极性、能动性和创造性就会降低，产生职业倦怠心理。

（三）缺少学术科研的机会，职称晋升较难

高校教师的评价体系中，学术科研权重很大。专业课教师有自己的教研室、教研团队，可以通过集体备课、共同承担课题研究等形式提升自己的科研水平。但是辅导员由于工作的特殊性，通常被划分为行政教辅人员一类，很少纳入教研室的管理当中，本来辅导员由于过多的事务性工作在学术科研上所花的精力就比较有限，再加上没有专业的教研团队一起探讨指导，项目申报、学术研究都受到极大的影响。

（四）辅导员工作缺乏科学的绩效评价体系

由于辅导员工作的特殊性：工作涵盖面太大，事务过多，职责难以明确，导致无法对其工作绩效进行公平、准确、科学的评估考核。工作的优劣没有一个评判的标准，致使辅导员工作缺乏积极性和竞争性。

（五）知识结构专业性不强

高校学生的思想非常活跃，辅导员要做好学生的思想政治工作，就需要研究学生思想变化和社会思潮变化的规律，把握规律性才能更好地做好学生思想引导工作。在实际工作中，如何对大学生在思想、心理、交往、学习、发展、就业等诸多方面遇到的问题给予及时的疏导和正确的帮助；如何对学生进行有效的管理、传播大学精神，这些问题都需要辅导员具备较强的教育学、管理学、心理学、职业生涯规划等方面的专业知识和处理各种事件的能力，还要求辅导员要熟练掌握党在新时期的路线、方针、政策和相关的理论知识。而现在许多高职的辅导员大多是一些刚刚毕业留校的年轻教师，他们往往欠缺实际工作经验，专业理论知识也比较匮乏，业务能力和业务水平不高。在平时的工作中大多数辅导员整日陷入事务性工作中，没有时间和精力加强自身学习，加上缺少交流、学习的机会，导致他们的理论研究水平也不高。

（六）环境不良，机制不活，队伍不稳

当前，高校辅导员直接面对学生，担当着党的路线、方针政策的传播者，培养学生成为社会主义建设人才的教导者，学生学习生活管理者三重角色。这种三合一的角色使他们具有特定的社会规范和社会期待，但这种三合一角色并不会自发发生作用，它需要一个好的环境气氛、组织管理体制，以及自身良好的政治思想素养，但目前却缺乏对辅导员发展阶梯的合理指导和系统设计，目前高校辅导员由于工作年限少、职称（职务）低，使得他们工资低、住房及生活条件较差；同时思想政治工作的高投入使他们又无暇去开发经济，这直接影响他们的工作积极性，同时没有创新的机制，当前存在的机制对辅导员的导向在于"无事就是功，有事功全无"，致使很多辅导员在业内看不到自己的职业高峰，缺乏职业认同感，从而造成"队伍不稳"的问题。

四、高校辅导员人力资源管理的改进措施

（一）加强对高校辅导员的人力资源开发

高校辅导员的人力资源开发主要有两个方面的内容：一是进行战略性人力资源规划，这是人力资源开发中的重要环节，即对高校辅导员人力资源战略、辅导员人力资源需求结构、辅导员人力资源政策等进行研究与长期规划，为高校的未来储备人力资源。二是辅导员人力资源的持续开发，即辅导员的发展与培训。通过学习、交流、培训等方式，使辅导员的自身能力、工作方式、行为模式及价值观念得到更新与提升。通过战略性人力资源规划和人力资源的持续开发，以解决高校辅导员队伍流动性大、人员不足的问题。高校辅导员的人力资源开发不是孤立的，是与学校组织的人力资源开发紧密相连而又相互作用的，构成了高校人力资源开发与管理系统。

（二）打破辅导员工作职能

要按学院分隔的界限，形成辅导员队伍人力资源的开放流动，为组成功能性动态团队提供基础。辅导员实行一人多岗，一岗一责。从管理学角度来看，这是一种理念的转变，复合岗位的任务要素是指令的，而多个单一岗位的组合是在各学院的指导下，辅导员有自主选择。在具体操作中要注意，辅导员有一个基本岗位即班级辅导，确保其行政隶属关系。然后在此基础上，应聘其他辅导岗位，形成一人多岗，学校在设置岗位时，每个岗位都要按照职位分析的方法，列出岗位职责和管理关系，这就是所谓的一岗一责。在实施时，还要有专门的绩效评估技术作为保障，并有相应的薪酬分配制度与之配套。维持辅导员面对固定的学生开展思想政治工作的局面而不变，确保思想政治工作的全面、深入、延续和稳定。这种高校辅导员的人力资源整合，有利于辅导员从烦琐、无序的日常事务性工作中解脱出来，能有充分的时间提升完善自己，让辅导员从工作中获得成就感和满足感，摆脱职业倦怠心理。

（三）建立人性化学习、培训、晋升的人力资源开发体系

建立人性化学习、培训、晋升的人力资源开发体系，从根本上满足高校辅导员发展需求。当前高校辅导员一般具备较高学历、综合素质、能力较强，在为学校与学生服务的同时，对于自我价值的实现和个人事业发展有着迫切的追求，因此，管理工作者必须重视和解决好辅导员自身的发展。

建立人性化的高校辅导员聘用、任免机制人才选拔是高校人力资源管理与开发的重要内容，首先要改革当前辅导员招聘过程中"重学历、轻能力"的选拔标准，建立人性化的现代人才测量体系。根据辅导员的工作性质与岗位需求，运用多种学科知识对应聘者进行知识测评，同时对应聘者的沟通能力、心理素质、职业道德以及性格类型进行综合考察，

从而选拔出真正适合辅导员工作岗位的优秀人才。另外，完善辅导员人力资源薪酬保障，职业规划与个人发展的制度体系，进一步扩展辅导员的晋升途径与发展空间，建立人性化的聘用、任免体制。

（四）建立科学的绩效评价体系和激励机制，激励辅导员工作

构建多元化的高校辅导员绩效考评体系。"以人为本"的绩效考察是在充分考虑辅导员工作性质的前提下，以岗位职责和目标要求为依据，制定的评价标准多元化、评价内容多样化以及评价方式多元化的多元型考评制度。辅导员考核内容主要有：工作执行情况、工作实际成效、同期工作比较、工作量、工作创新等；辅导员的工作评价主要以辅导员自评、学生参评、同事互评、领导考核相结合的多元考评方式为主，力求评价的科学、全面、公正、公平，从而提升辅导员的工作责任感与积极性。人性化的高校辅导员绩效考评制度不仅为辅导员的工作给予客观公正的考评并为激励提供依据，更应把促进辅导员的自我实现和持续发展作为考评的最终目的。

辅导员的激励，即运用物质激励与精神激励等多种途径持续激发辅导员的工作动机，维持其高昂的工作热情。管理工作者应该关注辅导员的需要。由于每一个辅导员的人生背景、发展目标、思想层次、身心状况各不相同，辅导员的需要呈现出多样性、复杂性、多变性、内隐性等特点，所以管理工作者应该了解每个人的需要，致力于提高激励的针对性与实效性。

新形势、新情况的变化下，给新时期的辅导员工作带来了一系列问题，因此建立一种全新的辅导员资源开发与管理机制，对于如何有效地解决辅导员工作中存在的具体问题，如何推进辅导员队伍职业化、专业化建设，以提升辅导员的工作层次，如何发挥辅导员的积极性、主动性、创新性，对高校学生工作的开展有着重要的意义。

（五）辅导员工作职业准入机制

现代社会很多行业都建立了职业准入制度，实行职业准入制度可以选拔和培养一大批各行业所需要的专业人才，因此，辅导员工作也有必要建立职业准入制度。辅导员准入制度就是把职业准入制度引入辅导员行业，即从事辅导员工作的人员必须具备相关的职业技能，并通过国家的相关考试和资格认证。首先，有利于规范辅导员队伍建设，确保队伍的专业性和整体素质。辅导员工作涉及学生思想政治教育、学生日常事务管理和学生未来职业发展规划等，这就要求辅导员必须具备从事学生工作的专业知识和素质。因此通过从业人员的竞争选拔，保证优秀人才的引入，对于提高辅导员队伍整体素质、促进辅导员队伍的发展提供了制度保证。其次，增强辅导员职业制度的开放性。职业准入制度可以推进辅导员工作从业人员的选拔工作向社会平等开放，拓宽了人才的选拔范围，同时也增强了选拔工作的透明度和公正性。再次，实行辅导员准入制度，也有利于同意行业标准，便于整体规划和集中管理。

（六）辅导员队伍业务培训培养机制

思想政治教育是一门科学，辅导员只有掌握一定的思想政治工作理论和必要的工作技能，才能胜任辅导员工作，尤其是刚从事辅导员工作的新同志，或是刚从教师干部等转过来的人员，更需要加强业务学习。结合岗位职责要求，以政治理论、政策法规、业务知识、文化素养和技能训练等为主要内容，努力改善自己的知识结构和技能结构；掌握实施学生思想政治教育的工作方法、途径和技巧，懂得如何组织班集体活动、主题教育、社会实践，如何开展谈心、心理咨询，如何指导学生搞好自我教育、自我管理，等等。辅导员的学习培训可以采用多种方式来进行，如举办辅导员学习培训班，定期开展辅导员业务学习活动，内容可以是经验交流、理论学习、案例分析等，也可以通过网络等平台建立辅导员培训与研修的专题网站、bbs 论坛，或者有计划选派辅导员参加校外各种形式的培训。为使工作上层次，还要定期开展思想政治教育课题研究，鼓励和组织辅导员开展同学生工作相关的科学研究，提高辅导员的专业素质和理论素养。

（七）辅导员队伍结构的优化机制

选拔政治坚定、思想素质好、热爱学生教育工作、责任心强、作风踏实、具有一定业务专业知识和组织管理能力的人员担任高校辅导员工作，是加强辅导员队伍建设的基础。辅导员队伍的结构应专兼职结合，以专为主的结构。专职辅导员的比例应占 2/3。从优秀的党员教师干部中选拔一些人担任兼职辅导员，特别是选留一些硕士甚至博士研究生毕业后充实到辅导员队伍中去，他们完成任期后转向专业教学科研岗位，兼职辅导员可占 1/3 左右。辅导员专兼结合，思想政治教育学科与其他学科教师的互补，有利于辅导员队伍整体素质的改善。另外，辅导员队伍也要注重新老搭配、以老带新。总之，不仅要保证辅导员的基本数量，更重要的是优化辅导员队伍的结构。

（八）建立辅导员工作激励机制

高校学生教育和管理工作任务重、难度大，需要投入大量的时间和精力才能做好。专职辅导员往往是优秀本科毕业生和教师干部中挑选出来的优秀分子，他们绝大多数都具有献身精神，能忘我工作，但在辅导员岗位工作时间长了，尤其是与从事教学科研的教师相比，总会有一种无名的失落感，有时还影响到工作积极性的发挥。为此，应积极建立起辅导员工作的激励机制，为辅导员发展提供空间。

（1）建立辅导员工资和奖励机制，为调动和保护辅导员工作的积极性提供基本的物质条件，按照按劳计酬、适度倾斜的原则，建立辅导员工作同奖金、津贴和荣誉相结合的机制，根据辅导员的工作绩效和工作成绩对辅导员进行正确的评价，并按照成绩给予不同程度的奖励、津贴和荣誉。

（2）建立辅导员精修学习机制，学校应该充分考虑到辅导员工作任务繁重而缺少学习时间的难处，为辅导员多创造更多的学习、交流和深造的机会。

（3）建立辅导员交流提升的机制，根据辅导员的工作表现和能力大胆提拔使用，安排到其他党政管理岗位，直至担任领导岗位职务。对于善于钻研教学业务、教学效果好的辅导员，分流到教学岗位上；辅导员的流动一定要做到有出有进，有计划地进行，以保持辅导员工作的连续性和队伍的相对稳定。

（4）建立辅导员理论研究机制，学校内部应结合学生工作要求，设立若干发展方向，促进辅导员工作研究课题立项。还要设立专项基金，支助专项课题，为辅导员理论研究提供资金保障。

（九）辅导员队伍管理机制

没有管理就没有质量，没有明确的职责，也就没有有效的管理。因此，在高等教育改革不断深化、学生工作亟待加强的今天，当务之急就是要抓紧制定和明确辅导员的岗位职责，改变辅导员只是管理员或服务员或救火队员的现状。对于辅导员的工作内容，应该在围绕新时期人才培养目标的前提下，在充分信赖和依靠大学生自身已具备的自我教育、自我管理和自我约束能力的基础上，强调辅导员在大学生个人成长与发展中的引导作用和师范作用。从生理心理发育的阶段来看，大学生正处于青春后期和青年初期，已经具备了一定的自觉性和行为自律能力，而过于严格的管理并不利于营造大学生提高素质和发展个性所必需的相对宽松的教育环境。所以辅导员在人才培养过程中的教育、管理和服务功能应注重"导"的作用。另外对于辅导员队伍应加强管理，要制定一整套制度使辅导员明确自己的职责、权利和义务，制定辅导员工作条例，鼓励辅导员积极向上、奋发进取，使辅导员队伍始终充满活力。建立完善考核机制，制定考核的内容和办法，定期考核辅导员的政绩、业务能力和思想品德，建立考核档案。年终搞好个人总结，评选优秀辅导员，大力宣传其事迹，授予其荣誉称号，给予其物质奖励，并且记录在案，考核评选的结果要作为今后提职晋级的重要依据。

加强和改进大学生思想政治教育，是一项极为紧迫的任务，一支高素质、高质量、高水平的辅导员队伍是完成此项任务的重要保障，只有不断创新辅导员队伍的人力资源开发和管理机制，才能保证这支队伍的活力和战斗力。

第三节　高校辅导员队伍建设：职业提升层面

当前，众多思想政治工作者围绕"如何实现辅导员职业化"展开了许多探讨。高校辅导员职业化建设重点应放在辅导员的职业发展、自我实现的框架内去思考，以"双赢"和"多赢"的理念推进高校辅导员职业化建设。

一、职业提升概述

（一）高校辅导员职业提升的时代背景

在全面构建和谐社会的今天，改革开放不断深入，社会经济成分、组织形式、就业形势、利益关系和分配方式日益多样化。当代大学生思想观念、价值取向、生活方式等也随之体现社会多样化的特点，而高校教育体制改革的不断深化和现代信息技术的迅猛发展，使高校学生工作面临越来越多的新问题。这对工作在思想政治教育第一线的辅导员提出了新的要求。在新时期新形势下，辅导员必须要不断提高自身职业素养，树立科学发展观，与时俱进，不断完善自身知识结构，才能适应新要求，探索新方法，解决新问题。

（二）高校辅导员职业提升的内涵

1. 坚定政治立场

在改革开放30多年里，中国发生了翻天覆地的变化，市场经济体制已经深入各行各业。全球一体化彰显得愈加明显。而伴随经济全球一体化，全球政治、文化交融渗透也更加深入，造成当代大学生国家意识淡薄，人生观、价值观、世界观模糊。为此，辅导员首先要坚定地信仰马克思列宁主义、毛泽东思想、邓小平理论和"三个代表"重要思想，贯彻落实科学发展观，努力成为科学发展观的践行者；其次，要不断夯实辅导员政治理论素养，包括政策水平、政治眼光、政治敏锐性、政治分析力等，强化思想意识和觉悟，领会党和国家的方针政策；再次，辅导员要不断更新观念，与时俱进，通过网络、电视等渠道迅速地了解国际国内时政大事，为大学生指引正确的政治方向。

2. 提升道德水准

高校是社会主义先进文化建设的重要基地，"学高为师，身正为范"，良好的师德有利于学生健全人格的塑造，有利于学生良好品行的端正。首先，高校辅导员要有高尚的个人品德。公正严明，廉洁自律，诚实正直，谦虚宽厚，注意自身言谈举止，自觉遵守公共秩序，具有良好的师德和团结协作的精神；其次，辅导员要具有良好的职业道德，热爱学生和思想政治工作，平等地对待每一个学生，加强与学生的交流沟通，既做学生学习上的导师，又做学生生活中的朋友。乐于奉献，忠诚予党的教育事业，将学生的成长成才放在首位，以学生为本，学生时刻在心中，用科学的方法和态度解决学生学习生活中遇到的种种问题。

3. 优化知识结构

高校辅导员是高等学校基层管理者，承担着班集体和学生的管理任务。这就要求辅导员不但要透彻掌握德育科学，还要广泛涉猎教育学、管理学、心理学、社会学、伦理学、法学、哲学等方面的知识，以专业者的身份科学地开展工作。首先，辅导员必须要掌握德育的相关理论，融会贯通，并广泛运用于实践教学过程中，提升学生道德修养，塑造大学生良好道德形象。其次，作为教书育人的师者，教育学是辅导员必不可少的专业知识。充分掌握教育的功能、作用和方法，尤其是针对大学生思想进行的教育。合适方法的选取往往事半功倍。辅导员不仅要教学生如何学习、生活、工作，更要教学生怎样做人。再次，辅导员还应具备必要的心理学常识，大学生处于一个心理波动巨大的发展期，独立性与依赖性并存，必要的心理学常识有利于了解和把握大学生心理发展的规律及其特点，帮助大学生处理心理问题，提高心理素质，应对心理危机事件。

4. 增强人格魅力

乌申斯基曾说：教师人格对于年轻的心灵来说，是任何东西都不能代替的最有用的阳光。教育者的人格是教育事业的一切。辅导员人格是辅导员最重要的素质之一，在辅导员成长成才过程中具有重要作用。首先，辅导员人格魅力来源于个人品德素质。辅导员严于律己才能要求学生克己自律，辅导员公正严明才能要求学生正义公平。辅导员言行一致才能要求学生诚实守信，辅导员以身作则才能给学生以榜样示范。其次，辅导员人格魅力来源于对职业的孜孜追求。辅导员烦琐的事务性工作，容易导致辅导员对本职工作的倦怠甚至麻木，教育功能无从实现。同时，辅导员工作也要求辅导员甘愿奉献，以学生为本。再次，辅导员的人格魅力来源于正派的工作作风。辅导员工作最大的回报就是学生的成长成才。辅导员要平等公平地对待每一个学生，不以学生家庭、成绩、表现为标准区别对待。将自身人格魅力潜移默化于其成长发展过程中。

5. 提高心理素质

辅导员工作面对的是思想活跃但心理问题较突出的当代大学生，面对学生的心理困惑以及学生生活中的突发事件，辅导员自身的心理素质就显得尤为重要。提高辅导员自身心理素质，首先要掌握心理学方面的基础理论，不断丰富自己的头脑，逐步完善知识结构。高校辅导员大多是刚走出校门的毕业生，经验不足，相关知识相对匮乏。其次，理论支撑离不开丰富的实践。辅导员要积极参与各类心理学方面的社会实践，提高解决学生心理问题的能力，自觉培养自身心理教育的能力，面对大学生心理问题，用科学的方法进行引导，不漠视其潜在的危险性，也不盲目指责其存在的危害性。再次，辅导员心理素质取决于自身看待问题的方式方法。一方面，辅导员要宽容大度；另外一方面，辅导员要友善博爱。

6. 发展专业素质

高校辅导员工作是一项综合性、实践性较强的工作，辅导员必须要有意识地培养自己各方面的能力，逐步提高自身的实际操作水平。

（1）学习运用能力。辅导员工作和专职教师教学相比，专性较弱，但专业面却很广。这就需要辅导员通过阅读教育学、心理学、管理学等方面的知识提高自身思想政治教育的理论水平。通过阅读报纸杂志了解时政要闻，把握时代脉络，通过社会实践锻炼积累工作经验，提升业务能力。同时，辅导员的学习过程伴随其工作和生活的方方面面，既要进行专业理论的学习，又不能拘泥于书本。为此，辅导员既要视野开阔，用真才实学做大学生的良师，又要吐故纳新，贴近学生做他们的益友。

（2）沟通表达能力。辅导员工作离不开沟通能力，而有效的沟通则需要良好的表达能力的辅佐。辅导员表达能力主要包括口头表达能力和书面表达能力。如若不注意表达能力的强化，即使有最好的见解和方法，表达不确切、不清楚，也会影响工作的开展甚至产生不必要的误解。口头表达要求语言流畅灵活，书面表达则强调文句的条理逻辑。具有良好表达能力的老师更容易贴近学生，拉近与学生的距离，处理学生问题更游刃有余。

（3）组织管理能力。高校辅导员是学生学习生活的管理者，是班集体活动的组织者，辅导员要深入学生生活。了解学生需求，帮助学生排忧解难，同时组织集体活动，强化学生团队意识，增强班级凝聚力，这都要求辅导员具有相当的管理组织协调能力，管理不仅是一项工作，更是一门艺术，辅导员高超的管理技能不仅能发挥每个学生的主观能动性和团结协作性，主动自觉地为集体、为他人服务，而且能增强集体的向心力、归属感，以集体为荣，以为集体增光添彩而骄傲。

（4）理论研究能力。当前社会单一的管理型辅导员已满足不了高校对辅导员新的要求。这就要求辅导员要根据自身实际工作开展理论研究，有组织、有计划的结合学生工作中的难点、热点问题，做科学、前瞻、务实、有效的理论研究。同时要求高校为辅导员研究工作积极搭建平台，鼓励申报相关课题，争取科研立项，并提供必备的经费支持和政策倾斜，定期举行学生工作研讨会，就工作方法、管理艺术，进行全面的探讨，以此提升高校辅导员的理论研究水平。

（5）创新发展能力。创新能力是辅导员成长成才的核心能力，辅导员在实际工作中往往会遇到一些前人所未问津的问题，没有对照，没有参考，这就需要辅导员把这些问题进行科学的分析，理出头绪，分清主次，抓住本质，提出方案，充分利用自己的创新能力进行不断地探索研究，最终解决问题。

二、基于职业发展的高校辅导员职业化

（一）职业发展与职业化的内涵

职业发展是组织用来帮助员工获取目前及将来工作所需的技能、知识的一种方法，其目的是让员工在自己选定的领域里，在自己能力所及的范围内，成为最好的专家。职业发展表现为组织内制度完备、队伍稳定、培训专业、人心凝聚、素质优良，员工能不断得到自我实现。重视职业发展对于组织和员工的发展均具有十分重要的意义，一是职业发展能降低员工流动带来的成本，如果组织帮助员工制订职业计划，明确发展方向，规范管理，奖罚分明，就会降低员工离开组织的可能，有利于队伍的稳定。二是职业发展能在培训、管理中提高员工的职业素养，鼓舞士气，凝聚人心，提高生产效率。三是组织重视职业发展的氛围，对员工也有积极的影响，在这种情况下员工认为组织把他们看作是整体发展的

一部分，能增强员工对组织的归属感和认同感。此外，重视职业发展对员工看待他们的工作也有积极的影响。

对于职业化，学界有多种认识，景素奇认为："职业化就是职业素养的专业化，职业化分个部分：职业技能、职业道德、职业意识，三者中最难做到的就是职业意识。"白琰认为："职业化就是一种工作状态的标准化、规范化、制度化。"社会学家泰可特·帕森认为职业化应有：正规的训练，高标准的技术，并且能够确保社会责任。总结上述观点，职业化明显地体现出两大特点，一是从工作落实的角度看，强调工作内容的标准化、规范化、专业化和制度化；二是从工作者的角度看，强调工作人员要有职业素养、职业技能和职业意识。由此我们从纵向角度分析，辅导员职业化更是一个不断完善、不断发展的过程，且在每一个阶段都有一定的特征。根据对职业发展和职业化的认识，我们认为，职业发展是实现职业化的一种方法，也是一个目标指向。因此，运用职业发展的理念研究高校辅导员职业化，就是要让辅导员在岗位上成为专家，在岗位上自我实现，这有助于提高辅导员的职业技能、职业道德以及职业意识，有效地促进高校辅导员的职业化进程。

（二）高校辅导员职业发展存在的问题

从总体上看，当前辅导员已有一定的职业化水平，但从职业发展的视角看，高校辅导员职业发展尚存在一些不足，主要表现在以下几个方面：

1. 队伍稳定性有待提高

目前，高校辅导员职业发展的体制、机制还存在一些问题，既缺乏刚性的制度将辅导员留在岗位上，也缺乏柔性的政策将辅导员吸引在岗位上，在岗人员具有很强的流动性。根据浙江万里学院、浙江林学院、温州大学、绍兴文理学院四所高校的统计资料显示，当前在岗辅导员的平均工作年限在3~4年之间。全国性的辅导员队伍建设调研报告显示："辅导员任职周期绝大部分低于5年。"这说明辅导员具有极强的流动性，在岗工作4~5年就已经是"老同志"了，多数辅导员工作2~3年就准备考研或转岗。这种快速流动除了与制度建设不健全有关外，还与传统惯例、舆论氛围有关。如很多高校教师、学生甚至部分领导干部都认为辅导员是"过渡性职业"。

2. 岗位职责比较模糊

针对高校辅导员队伍建设，国家先后出台了《中共中央国务院关于进一步加强和改进大学生思想政治教育的意见》（中发〔2004〕16号）、《普通高等学校辅导员队伍建设规定》（教育部令第24号）等文件，这些文件中多次明确了辅导员的岗位职责。而在实际工作中，辅导员岗位职责不清。通过对浙江省10所高校的调查，笔者了解到，各高校虽建立了辅导员管理办法，但辅导员主要按照传统惯例开展工作，他们除了从事学生思想政治教育和学生日常管理工作外，还要承担大量非本职的工作。同时，组织部、宣传部、教务处、团委等凡与学生有关的职能部门都可以给辅导员布置任务，这种职责不清的现状常常使辅导员不知所措，整天忙于事务。

3. 职业素养亟须提高

很多高校的辅导员既年轻又缺乏必要的培训指导。笔者对绍兴地区各高校132名辅导员进行的问卷调查显示，89.1%的辅导员认为在岗培训相对较少。全国性的辅导员队伍建设调研报告显示，75.9%的辅导员认为所在学校没有组织在岗培训或偶尔进行在岗培训。由此可见，辅导员的在岗受训程度普遍较低。同时，笔者对绍兴地区高校132名辅导员进行的问卷调查显示，65.9%的辅导员没有发表过与工作相关的论文，97.7%的辅导员没有获得过校级及以上课题，这充分说明辅导员研究工作的主动性并不是很强，或者说辅导员的研究能力相对较低。从总体上看，绝大部分辅导员还不是某一领域的专家，其职业素养很难满足工作需求。

（三）基于职业发展的高校辅导员职业化措施

职业发展的理念就是要运用有效的办法，让辅导员成为专家。在职业发展的视野下探讨辅导员职业化，其核心就是要为辅导员搭建好长期在岗发展的平台，通过有效的业务培训、合理的绩效评价，规范的制度体系让他们能够安心地、毫无顾虑地在岗发展。

1. 加强业务培训，提高业务能力

业务培训是明确组织目标，统一思路，提高员工素质和工作实效的重要保证。

（1）确立培训的质量意识。美国管理大师彼德·圣吉认为，人力资源培训正是组织为了提高其成员在执行某项特定工作或任务时所必需的知识、技能及态度或培养其解决问题之能力所采取的一系列活动。这种培训也是提高辅导员职业技能和素养的重要保证。但是辅导员能否主动参加学习培训，关键取决于两个条件，一是辅导员是否想要参加业务培训，是否认识到业务培训的必要性，只有在辅导员对业务培训有相当热情的前提下，辅导员才能潜心学习。因此，学校应加大辅导员走职业化道路的宣传，引导辅导员在业务培训中增长知识、更新观念；还要保证经费投入，通过一定的形式鼓励和支持辅导员参加培训。二是培训内容的针对性，培训方式的有效性，培训计划的合理性等，如果培训内容无法解决实际问题、培训方式不能被辅导员认可、培训计划缺乏可操作性，也会影响辅导员参与培训的热情。所以，高校应有选择地选聘具有较深理论功底和丰富实践经验的学校党政领导干部、专家学者和优秀辅导员作为培训教师；制定辅导员培训质量评估标准，努力让培训由"要我学"变成"我要学"。

（2）注重培训的路径选择。在调动辅导员培训热情的基础上，学校应紧紧围绕《2006—2010年普通高等学校辅导员培训计划》的要求，有计划地组织辅导员培训，一可以结合日常培训开设"辅导员工作论坛"，建立诸如辅导员协会等群众组织，结合专题培训开设"辅导员报告会制"，辅导员轮流举行工作报告会，也可以邀请专家学者开设系列讲座。二可以以落实国家文件精神为契机，及时选派优秀辅导员参加国家组织的全国辅导员骨干示范

培训、省教育部门组织的辅导员培训和研修。三可以和其他高校建立交流机制，规定辅导员在短期内在两校间进行交流，架起学校与学校之间的人才"立交桥"。总之，要通过多种方式开展辅导员业务培训，努力增强培训工作的吸引力和感染力。同时，学校应按照理论创新、体制创新、方法创新的要求，积极借鉴国内外优秀的教育研究成果，不断丰富和创新辅导员教育培训的内容与模式，努力体现时代性、规律性、创造性和实效性。确立以工作带动研究、以研究推进工作的理念，划拨专项经费，为辅导员设立专门与学生工作相关的校级重点课题，引导辅导员申报课题，定期组织成果交流，加快研究成果的转化和利用。

2. 健全评价体系，激发职业热情

评价体系是辅导员自我评价的依据，影响着辅导员的工作热情。学校应根据辅导员自身发展的特点以及大学生思想政治教育工作的特征，设计评价体系。

（1）把握评价体系的原则。一是体现公平性。亚当斯的公平理论认为，当一个人做出了成绩并取得了报酬以后，他不仅关心自己所得报酬的绝对量，而且关心自己所得报酬的相对量。因此，他要进行种种比较来确定自己所获报酬是否合理，比较的结果将直接影响其今后工作的积极性。因此，在设计考核办法时应充分考虑制度的公平性，建立以工作实绩为主要内容、以学生满意度为主要指标的评价体系。二是体现操作性。对辅导员从事的大学生思想政治教育工作进行量化和定性都有一定的难度，学校应充分认识这一问题，把握评价的重点和难点，避免考核办法的繁杂，放弃一些无足轻重的评价指标。三是讲究组织性。建立党委统一领导，学生工作部门为主实施，党委组织部、人事处及各学院共同参与的辅导员考核领导小组。四是注重多样性。将评价工作分为平时考核和集中考核等形式，采用个人总结、公开述职、学生评价、辅导员互评、组织考核以及座谈会、填写问卷、网上评议等方式进行考核，对辅导员工作做出全面、合理和准确的评价。

（2）发挥评价的激励作用。美国心理学家彼特尔和劳勒的综合型激励理论认为，要使人们在工作或学习上取得较好成绩，第一步是要激励、激发人的行为动机。第二步，当人经努力取得绩效时，这绩效又成为对人的激励。此时应给予恰当的评价和报酬。第三步，报酬的公平与否会影响人的满意度，满意度又会成为新的激励。如此往复运动，使人不断取得新的成绩。因此，高校在辅导员考核工作结束后，应充分认识到辅导员对工作成效的期待，合理设定激励指标，加大考评结果在职务聘任、津贴发放、各类评比中的使用力度，考核优秀的辅导员可提前晋升及给予相应的津贴报酬、纳入年度优秀工作者的表彰奖励体系，考核不合格的解除聘任合同，充分发挥评价体系的激励作用。

3. 创设多种条件，提升专业水平

综合哥林伍德、班克斯、奥斯汀等学者的观点，可以把专业的主要特征概括为以下八点：长期的专业训练；完善的知识体系；系统的伦理规范；明确的从业标准；严格的资格限制；具有专业上的自主生；较高的社会声誉和经济地位；具有发展成熟的专业组织。对比这些标准，可以发现，当前我国辅导员职业化尚处于较低水平，学校应采取多种职业发

展的措施提高辅导员的专业水平。

（1）应有良好的制度安排。学校应全面梳理与辅导员有关的各项管理制度，辅导员的选聘、资格认定、聘任、业务培训、考核评价等规定应紧紧围绕辅导员专业提升的主线，将培养和造就专家型辅导员放在各项制度的核心位置，形成培养专家型辅导员的制度体系。同时，应牢固树立辅导员"术有专攻"的培养理念，逐步改变当前辅导员"样样都要干、样样都不精"的不利局面，应根据辅导员的合理意愿、工作水平和大学生思想政治教育工作的需要，对辅导员的工作内容做一定分工，让一部分辅导员专门从事学生的日常事务管理，使他们成为学生日常事务管理的专家；让一部分持有相关资格证书的辅导员从事相关的专项工作，如让他们成为心理健康咨询、职业生涯规划、资困助学等专业领域的专家，不断突出辅导员工作的专业性和不可替代性，让每个人都能感觉到在这支队伍中有发展空间，能实现人生价值。

（2）应有明确的政策倾向。如果说辅导员选择职业化道路是一种内因，那么提供适当的倾斜政策，优化辅导员发展的外部环境，必将最大限度地激发辅导员走职业化道路的信心。学校应逐步完善职称评定体系，制定和完善辅导员从助教到讲师、副教授、教授的学生思想政治教育职称体系，成立专门负责辅导员专业技术职务评审的委员会，评审标准能根据辅导员的岗位职责，突出其从事学生工作的特点，坚持工作实绩、科学研究能力和研究成果相结合的原则，对于中级及以下职务者着重考察工作实绩。规定优秀辅导员作为学校党政后备干部培养和选拔的重要来源；规定辅导员工作满一定年限且考核称职者，享受相应行政职级别的经济待遇；规定将辅导员评选比例单列，确保年年都有一定比例的辅导员评为校级先进，努力使辅导员在岗位上得到自我实现。

（3）应有强大的理论支撑。高校应把思想政治教育学科建设作为高校辅导员专业化建设的理论保障，充分利用思想政治教育学科在专业理论研究、教材建设、课程设置、师资队伍等方面的成熟条件，建构完善的辅导员知识体系，形成规范的辅导员职业规范，并且在有条件的学校设立辅导员专业，采用定向招生、定向培养、定向就业的方式，培养具有本科学历或研究生学历的专职辅导员，不断提高辅导员的专业技术水平。此外，学校应创设机制，承认、肯定、推广辅导员的专业能力，形成学习、借鉴提高的平台。

三、高校辅导员职业提升的问题

（一）职业人员不稳定

目前，高校辅导员队伍不稳定已经成为许多高校学生工作队伍建设的一个大难题和影响学生教育管理工作的重要因素。梁金霞、徐丽丽对全国103所高校辅导员队伍建设现状的调查研究结果显示，任职时间为2~5年的有102人，占所回答人数的62.2%，任职时间在5年以上的有27人，占总数的16.5%。显然，辅导员岗位具有流动性大的特点。辅导员工作被认为是最忙、最苦、最累的，但实际上却没有太多人肯定其工作的付出，而且他们的待遇普遍偏低。长此以往，辅导员岗位成了一个"跳板"，流失现象严重，工作缺乏延续性。

（二）职业定位不明确

目前许多辅导员陷入大量的日常琐碎事务的处理中，甚至有时还要承担部分行政、教务管理任务。由于特殊的工作性质，辅导员往往工作做得多，思考得少，难以提高自身理论水平。他们的这些工作往往涉及多个部门，需要辅导员与多个部门协调、反复做工作。因此辅导员工作中普遍存在着不明确工作职责、工作任务繁重、头绪繁多等问题。

（三）职业专业性不强

辅导员的工作内容涉及多个学科、多种专业的知识体系，是一个实践性很强的职业。辅导员工作性质要求其需同时具备政治学、心理学、管理学、教育学等方面的专业知识和实践能力，目前辅导员队伍还不能达到这个要求，从而导致其不能很好地引导和解决大学生成长中所遇到的思想困惑、心理障碍、人际交往、专业学习、发展方向、职业选择等诸多问题，工作实效性不高。辅导员专业化没有系统和统一的规划和建设，重使用、轻培养；重经验积累、轻专业学习现象较为普遍。

（四）职业倦怠现象凸现

目前，职业倦怠已成为高校辅导员队伍中的一种较为普遍的现象，辅导员每天从事的是同一种工作，如果只关注工作中机械重复的一面，很容易对工作产生乏味感，认为工作是一种枯燥无味的繁杂事务，会产生空虚感，从而导致职业倦怠。它不仅严重影响了辅导员知识、能力的正常发挥，还严重影响了高校思政工作的顺利开展，进而影响到大学生的成长成才。

职业倦怠是指人们因工作时间过长、工作量过大、工作强度过高而导致的一种疲惫不堪的状态。高校辅导员是大学生思想政治教育和日常管理工作的组织者、指导者，是与学生接触最多，对学生影响最多的人。学生工作繁复、琐碎，学生在学校遇到的大事小情都会经由辅导员处理，辅导员面对着复杂的工作内容和工作环境，很容易成为职业倦怠的高发群体。辅导员个体长期在压力中工作，因为不能及时缓解工作中的压力或不能妥善处理工作中的挫折而产生的情绪、态度和行为的衰竭状态，这种情况不仅会破坏辅导员的身心健康和职业发展，同时也会对大学生的教育成长造成严重影响。辅导员的职业倦怠表现在多个方面。笔者对65所高校的458名辅导员抽样调查显示，34.5%的表示"经常产生疲劳感，精力难以集中，思维的逻辑性降低"，23.21%的人"情绪波动大、性急易怒"；焦虑、烦躁、抑郁等不良的情绪经常会出现，从而对自己从事的工作缺少高涨的工作热情，21.5%的人感到"思想政治工作没有意义、没有价值"，繁重而重复的事务性工作让辅导员失去了对其应作工作的思考，简单地将辅导员工作界定为重复的事务性工作，35.45%的人目前感到"对待工作冷漠、厌倦,缺乏进取心",42%的人在开展工作时"主要是为了应付组织的安排,不能结合学生的身心特征创造性开展工作"。自我评价趋于负面消极,工作信心丧失,甚至33.34%的人有"离开工作岗位的想法";37%的人表示"在日常工作中,尽量减少接触学生,消极对待上级布置的工作",长此以往,抱怨和逃避工作环境、减少工作投入和工作创新、对学生态度冷漠、尽量减少与学生的沟通接触等行为都会渐次出现,破坏辅导员工作的热情和工作成就感。通过调查和访谈发现,35%的辅导员工作效率不高,急于转岗,这说明,目前辅导员工作面临职业倦怠。现实中,确实有不少辅导员因成绩突出分流到其他岗位,这看似是一种良性循环,但同时也反映了辅导员岗位留不住人、缺乏吸引力的现实,从这个意义上讲,辅导员岗位缺乏发展的可持续性和前瞻性,面临岗位发展枯竭。

(五)职业认同感不强

职业认同感作为一个心理学的概念,它是指个体对于所从事职业的目标、社会价值以及其他因素的看法,与社会对该职业的评价及期望一致,即个人对他人或群体的有关职业方面的看法、认识完全赞同或认可。获得职业认同感的个体在从事职业活动的过程中,对于职业活动的性质和内容、个人意义和社会价值有着清晰的认识,能够更好地开展好本职工作,达成组织目标,进而使得个体在工作岗位获得足够的向上力、成就感和事业心。

目前高校辅导员在工作过程中囿于各种原因,很难获得饱满的职业认同感。其主要原因在于辅导员作为一门职业,其本身的原动力不足。所谓职业原动力,是职业本身吸引人们从事某一项职业的内在源泉,它不仅影响着人们职业创造的激情,更是激励人们为之奋斗的不竭动因。从1952年,国家提出要在高校设立政治辅导员,到1961年党中央庐山会议出台专门文件,提出在各高校设立专职辅导员,再到2004年出台16号文件,辅导员作为我国高校内部的一个工作岗位设立,其职能也不断加以扩展。但是长期以来,高校辅导员缺少作为一门职业而进行长远的规划。作为整个高校教师队伍中的一部分,与业务教师相比较,辅导员工作内容琐碎、投入时间多、成就感低。通过浏览各大高校招聘辅导员的信息,可以获知,目前招聘辅导员的学历要求已经达到硕士研究生以上,甚至要求博士,而天津某大学2009年公开招聘10个岗位,竟吸引了国内外知名高校的硕士、博士近1800人应聘。这样的情况很大程度上是日益严峻的就业形势所致,而非辅导员工作本身的魅力吸引所在。笔者2009年对689名硕士研究生的就业意向进行调查,在选择从事高校教师的毕业生中,大家"到高校工作,首选专职教师"这一比率高达89.3%,选择"担任行政管理人员"的占到9.8%,而仅仅有2.45%的人选择"担任政治辅导员"。针对现在高校一般不接受硕士研究生担任专职教师从事教学工作的现实,91.25%的人选择"先选择担任辅导员,再寻找机会转岗"这一方式,3.51%的人选择"先干两年辅导员工作,再考博士",3.13%的人选择"先干辅导员,再寻找机会转到其他岗位",只有2.11%的人选择"会在辅导员岗位上一直干下去"。由此可以看出,辅导员岗位本身的吸引力并不强。

特别是对于已经从事辅导员工作 3~5 年的在岗辅导员来说，岗位认同感不强，他们徘徊在职业的十字路口，在转岗为"业务教师"和"其他管理人员"之间犹豫迟疑。对山东省 65 所高校的 458 名辅导员抽样调查显示，对于未来的发展设计，36.35% 的人表示"担任团总支书记或党总支书记"，34.15% 的人认可"被抽调到学校其他行政岗位"，25.25% 的人选择"转到其他工作岗位去"。

（六）工作满意度不高

一般意义上的工作满意度，是指个体在组织内进行工作的过程中，对工作本身以及相关的方面，比如工作环境、工作状态、工作方式、工作压力等有良好感受的心理状态，美国人力资源管理公司 Monster 提出的六条价值标准，即成功、独立、认同、支持、工作条件、人际关系。通过对山东省 65 所高校的 458 名辅导员抽样调查显示，35.25% 和 23.22% 的人分别对自己目前的工作"满意""基本满意"，36.27% 的人表示"不满意"。而决定满意与否的关键因素是人们的各种需要和价值观。尽管目前高校辅导员工作正走向专业化和职业化，但是仍然处于过渡性阶段，远未达到专业化和职业化要求。这样的尴尬处境让很多从事辅导员工作的老师看不到职业的发展方向，职业生涯发展规划更是无从谈起，很难吸引专业人才长期投身于学生工作事业，从而造成了辅导员工作队伍的流动性，进而影响到学生工作队伍的稳定性和专业化发展。

（七）职责定位欠明确，工作事务繁重

1952 年国家提出在高校设立政治辅导员，继而清华大学和北京大学向教育部提出了试点请求，高校辅导员制度设立初期，其主要任务职责是界定为做政治工作，做学生的"政治引路人"。因为历史原因，辅导员制度一度废除，直至 1978 年高校恢复辅导员制度，以专业教师兼职担任政治辅导员，辅导员的职责有了一定的拓展，逐渐向思想政治教育领域转变。20 世纪 90 年代末 21 世纪初期，社会转型以及信息化发展给大学生的思想和行为以及高校的管理环境带来了强有力的冲击，学生表现出不同以往的特点，而帮困、心理辅导、就业、职业生涯规划、人际关系等实际问题也纳入了辅导员工作的内容。站在大学生思想政治教育第一线，辅导员既要做知识的传授者，又要做好日常事务的管理者、心理辅导者；既要处理日常工作事务，同时要面对学生突发事件所带来的高强度精神压力；既有 8 小时工作内的事务工作，也有 8 小时之外的大量非正常事务，繁杂的工作任务和不易掌控的因素加剧了辅导员工作的难度，因为工作责任重大，要求辅导员必须投入大量的时间和精力。同时他们不得不考虑如何丰富思想教育的方法以应对学生教育和管理所面临的复杂性和挑战性，以及面对高校中以学历和职称为考评价值取向的现实，辅导员不得不追求学历的提高和职称的晋升，学习时间的难以保证和职称的评定方式对于以追求工作成效和工作实绩为目标的辅导员队伍而言，似乎略显困难。

四、高校辅导员职业提升的途径

针对辅导员职业化发展过程中存在的诸多问题，我们应采取以下措施，促进辅导员职业化发展。

（一）树立正确的思想观念，为职业化发展奠定坚实基础

高校辅导员队伍建设中存在以上问题的原因是多方面的，树立正确的观念是辅导员队伍建设的基础。一定要教育辅导员形成一种共识，即辅导员是一种职业，是一种具有思想政治教育功能的"职业咨询师"。这一点，我们可以借鉴国外先进经验。美国的学生事务工作者是从心理学、人类发展、企业管理等学科发展起来的，美国大学将辅导员的角色定为心理辅导师、职业辅导师、社会化辅导师，角色定位较为清晰。基于此，高校可以教育辅导员树立以下观念。一是专业化的观念。辅导员专业化特点是利用自己的业务所长为学生提供专业思想辅导，端正学生对所学专业的正确认识；辅导员在完成本职工作的同时，还要积累工作经验，可以为开展专业研究提供实证材料。这样，既能保证辅导员不断提高工作质量，提高专业化水平，又能增强其职业归属感和事业成就感。二是服务观念。辅导员工作主要定位在为学生的成长服务方面。学生面临的压力是多方面的，因而学生需求日趋多样化。当学生面临就业压力时，希望得到辅导员的职业辅导；当心理问题出现时，需要辅导员进行心理咨询和疏导；当学生生活上遇到困难时，需要辅导员发挥作用，做好学生的思想工作。这种独立而又相互配合的辅导体系更有利于学生得到专业化的服务和指导。

（二）明确业务方向，引导辅导员做好自身职业生涯规划

要引导辅导员依据八项基本职责，明确业务主攻方向。例如，有高校将辅导员业务定为五个主攻方向，即思想政治教育、就业指导与职业规划指导、心理咨询、素质教育、学生事务等，辅导员应结合个人专长进行自由选择，根据不同主攻方向制定切实可行的职业发展规划；学校也应邀请专家协助辅导员进行分析与定位，帮助其确立自身在专业目标、学历目标和职级目标等三个方面的发展轨迹，使其明确个人定位与不同阶段的工作任务。同时，学院领导要认真督促和加强辅导员目标实施的过程管理，创造一切机会，鼓励辅导员向职业化方向发展，使他们能够发展为专业领域的核心骨干和专家，做到术业有专攻。

（三）创新人才评价制度，建立有效的考核激励机制

当前高校的人才评价体系中，科研指标占据了一半，这也一定程度上弱化了辅导员的职业成就感，阻碍了其职业化发展。毫无疑问，高校的发展有赖于科研的推动和促进。但科研工作有其自身规律和适用范围，不结合业务范畴和工作实际，用"一刀切"的方式来评判辅导员的工作表现，决定其工资待遇，是有失公允的。高校辅导员工作量大，任务繁

重，责任重大，能分配给科研工作的时间相对较少，学校要制定专门的辅导员福利待遇规定及考核激励机制，对辅导员进行单独的考核奖惩；要高度重视考核反馈，保持沟通渠道畅通，指出优点和不足的同时要提出整改意见，做到反馈与教育相结合；同时，反馈要及时，做到考核结果的正确运用；还要完善薪酬增长以及职级晋升等激励机制，让辅导员感受到学校对自己职业的认可和尊重，调动辅导员工作的积极性。

（四）构建培训培养平台，推动辅导员职业化发展

一是要完善培训体系。要重视辅导员理论水平和业务素质的提高，采取普及培训和专项培训相结合、学校培训与自我培训相结合的方式，确保在统一要求下突出辅导员自身业务专长。根据辅导员工作中的实际问题，学校坚持每学期至少一次的全体辅导员培训。同时，根据辅导员建立在其个人专业背景、兴趣和职业发展规划基础上的业务主攻方向选择，坚持每学期至少一次的一个方向上的专业培训。坚持校外与校内培训相结合，参加校外组织的大学生思想政治教育、心理健康教育、就业指导、学生管理等专题培训，扩大学生工作视野，提升学生工作水平。在学校集中安排的基础上，开展辅导员论坛、辅导员沙龙、辅导员之家、优秀主题班会和学生工作案例评选、形势与政策报告会、职业生涯规划培训会等活动。通过立体交叉式培训，全面提升辅导员的核心素质，提高辅导员职业化专业化的水平。

二是打造核心团队。要搞好辅导员队伍建设，必须树立团队意识，发挥团队精神，健全沟通、交流、合作机制，形成工作合力。学校应重视辅导员梯队建设，打造辅导员核心团队，按照思想政治教育、就业指导与职业规划、心理咨询、素质教育、学生事务等业务主攻方向确立校院两级辅导员核心团队。不同主攻方向的辅导员相互协作，通过校院两级咨询室平台，提升业务能力，全面解决学生管理中的重点、难点问题。通过业务交流及专题培训，提高其主攻方向的业务能力和科研能力。校级核心辅导员由学校辅导员主管部门进行能力提升培训，通过为辅导员明确培养导师，采取理论学习、挂职锻炼、一对一辅导、小组研讨、撰写报告、开展讲座等形式，提升个体及团队工作水平，以团队形式促进学校整体辅导员队伍职业化建设的协调发展。

高校辅导员职业化建设是加强辅导员日常管理和大学生思想政治教育的重要保障，是高校的一项重要任务。高校辅导员职业化发展的过程中会遇到诸多问题，需要我们去尝试和探索工作的新机制、新方法。同时，更需要辅导员自身转变观念，增强主动成长的意识，不断完善自我，提升自己的专业素养，为职业化发展奠定坚实的基础。

（五）追求人生高境界，培养高尚的人格魅力

首先，辅导员肩负着大学生人生导师的使命，一是追求崇高的理想，影响带动学生追求理想的实现，不要计较个人名利，把大学生的思想政治工作当作一项事业去奋斗；二是追求素质的提升，提高自身的综合素质和服务水平，能够洞察学生的思想和行为问题，做

到"学中做、做中思、思中行";三是追求人格的完善,提高自身的精神境界,做学生的知心朋友,以人格的力量教育引导学生健康成长。

其次,辅导员要提升人格魅力,一是做学生诚实守信的榜样,真诚待人,客观、公平地对待每一位学生;二是做学生的知心朋友,对学生多一些宽容,少一些指责;三是做关爱学生的贴心人,发自内心地去关心、爱护、理解并尊重每一位学生,对学生倾注真挚的感情,让学生感觉到"亲其师,信其道"。

(六)加强日常管理,明确职业能力培养方向

首先,对学生事务的管理,辅导员要合理安排党团工作、贫困生工作、奖助学金工作、心理辅导工作、心理辅导工作以及就业工作等,要不断培养与任用学生干部,使自己摆脱烦琐的事务工作。其次,对自我的管理,辅导员工作中要控制自己的情绪,保持一颗平常心,理性面对压力,积极地投入到每天的工作中,为同学们树立积极、向上的榜样。再次,辅导员要根据相关政策和实际工作需要,明确自己的成长目标,成为大学生职业生涯规划、心理健康教育及学生事务管理等某一方面的专家型辅导员。

(七)打造专长,整合知识,发挥职业能力优势性

首先,辅导员要在某一学生工作领域形成一技之长,如在学术方面,基于自己的研究兴趣和专业知识,选取日常学生思想政治工作中的某一领域开展专项调研、理论研究和案例研究。其次,辅导员要整合个人知识,系统梳理日常学生工作中的显性知识,深入挖掘和思考隐性知识,并将两种知识内化成个人的知识体系。总之,辅导员要依据自身职业能力发展目标,不断完善自己的知识结构,形成自己的知识专长,并运用到教育实践中。

(八)敢于创新,终身学习,保持职业能力发展性

首先,高校辅导员要与时俱进,一是创新思想观念,工作中不断拓展自身的知识领域,善于用创造性的思维去获取知识,使自己的思想观念紧跟时代的步伐;二是创新工作模式,摸清当前学生的特点,摆脱思维定式的条条框框,认真分析当前大学生所具有时代特征的新想法、新兴趣、新行为等,在处理问题的方法上进行改革创新;三是创新工作方式,坚持教书育人、管理育人、服务育人的工作理念,从大学生成长成才的角度出发,为大学生的全面发展做好保驾护航的作用。其次,辅导员要树立终身学习的理念,一是完善自己的知识结构,在解决学生心理问题的过程中,培养自身的心理教育能力,把思想政治教育工作做到学生的心坎上;二是善于培养学生的心理素质,调动学生学习和发展的积极性,使学生会学习、会思考、会自我教育,具有良好的道德情操、坚强的意志以及良好的行为习惯,等等。

第四节　高校辅导员队伍建设：考核与评价

一、高校辅导员队伍建设评价体系

高校辅导员在高等教育活动过程中扮演着多元角色，工作在学生管理的第一线，其职业具有很大的特殊性。随着社会分工和社会变革对高度教育的影响，高校辅导员的角色定位还存在着缺位现象。这种缺位现象使高校辅导员多元角色难以整合形成合力，高校辅导员队伍建设难以取得长足发展。此外，高校辅导员队伍建设缺乏一套科学合理的评价体系也是重要原因之一，高校辅导员队伍建设评价体系不仅可以考核高校辅导员队伍建设活动成效，对高校辅导员队伍建设做出定量定性分析、价值判评，而且有利于确定高校辅导员队伍建设、改进、提供和完善的方向与重点，指导高校辅导员队伍的健康发展。

（一）构建高校辅导员队伍建设评价体系的历史背景

《普通高等学校辅导员队伍建设规定》明确指出："辅导员是高等学校教师队伍和管理队伍的重要组成部分，具有教师和干部双重身份。辅导员是开展大学生思想政治教育的骨干力量。是高校学生日常思想政治教育和管理工作的组织者、实施者和指导者。"由此，高校辅导员职业角色内容在高校辅导员建设实践活动中有了明确规定。虽然从整体上我国辅导员队伍建设取得了很大成绩，但辅导员队伍在职业化、专业化和稳定性建设上并没有完全摆脱滞后状态，很多高校辅导员队伍存在着学历不够高、专业不够精、年龄无梯队、配备不充足、待遇不平衡、发展无方向、工作职责不明确、管理机制不健全、社会认可度不高等各种问题。高校辅导员职业角色的出现与高校教育本质职能的不断完善息息相关，与高等教育活动开展有着深刻的历史联系。高校在实施教育活动过程中产生出了大量与教育活动有关的职业角色，高校辅导员最初就是作为高校开展政治理论学习活动而产生的，就是指导教职工和大学生进行政治理论学习。

随着高等教育改革的发展和高等教育职能的不断丰富，高校辅导员角色也越来越丰富，从最初的单一职责内容发展到多元的职责内容。但是由于受传统教育观念的影响，高校辅导员队伍建设并没有能够得到迅速良好的发展，反而高校辅导员队伍建设出现了一些问题，原因在于社会转型期高等教育模式、学生管理理念等不能适应人们已经根深蒂固的传统教育观念。受传统教育概念的影响，很多现行教育内容并没有与实践进行有效结合，很多职业保障政策设计并没有真正落实到位，从而影响了高校辅导员队伍健康发展。教育存在着个体性和社会性，是二者的统一。这种统一只有在共同体或民主社会才有可能，教育只能是属于经验、通过经验和为了经验的教育。这种教育本质的定位给教育活动的开展明确了方向，教育活动的开展离不开社会的政治条件，教育活动开展形式可以有广阔的空间，这对传统教育观念是极大的颠覆，对开启教育现代化具有重要的启蒙作用。在传统的教育观念中，大学生接受教育大都是以这种方式完成的，即面对面的互动、合作性的工作与独立学习相结合。在现代教育理念中，教育活动的开展似乎有了更加丰富的形式，高校辅导员职业角色的出现似乎跟这种理念有着紧密的联系，在以经验教育为教育本质的背景下，高校辅导员职业角色作为高校专业教师职业角色之外的教育职业角色越来越显示出它的重要性和必然性。同时，教育现代化的本质要求也给高校辅导员队伍建设带来了巨大挑战，正是在这样的背景下，构建高校辅导员队伍建设评价体系成为了加强和改进高校辅导员队伍建设工作的需要，成为培养、造就社会主义事业的合格建设者和可靠接班人的需要，成为高校完成人才培养目标的需要，成为各个高校实现辅导员队伍建设科学性和合理性的晴雨表。

（二）高校辅导员队伍建设评价体系的主要内容

高校辅导员队伍建设是在社会分工视野中进行的，职业角色带有一定的社会性，同时高校辅导员作为实施教育活动的主体还带有一定的个体性。因此，高校辅导员队伍建设需要结合高校辅导员角色的社会性和个体性进行，需要根据时代发展的要求不断推进。胡锦涛同志在十七大报告中提出："要更加注重提高自主创新能力，建设创新型国家。""要进一步营造鼓励创新的环境，培养造就世界一流科学家和科技领军人才，使创新智慧竞相迸发、创新人才大量涌现。"①这就对创新型辅导员队伍建设提出了要求。高校辅导员是开展大学生思想政治教育工作的骨干力量，承担着大学生日常教育与管理、政治思想素质培育、就业指导与服务、心理咨询与生活辅导等一系列与学生健康成长、成才息息相关的工作，是大学生成长的直接指导者和人生导师。因此，高校辅导员队伍建设是一个动态历史过程，需要结合高校辅导员队伍建设的历史进行科学探索。高校辅导员队伍建设评价体系是在高校辅导员队伍建设实践的基础上，结合目前高校辅导员队伍建设的理论研究而形成，它的主要内容包括以下几个方面。

1. 高校辅导员队伍建设是否制度健全、规范

高校辅导员队伍建设是以辅导员为对象展开的实践活动。人的活动往往带有较强目的性和计划性，这就导致在现实中辅导员工作形式和效果存在着差异，给辅导员工作造成迷茫。因此，高校辅导员队伍建设如果没有制度的约束，那么高校辅导员队伍建设就不能有效地开展，并顺利地前进。

高校辅导员建设制度是高校管理辅导员队伍建设的指导性规范，从内容上讲，包括辅导员的引进、考核、培训、激励等规定。高校辅导员队伍是大学生思想政治工作的主要力量，《中共中央国务院关于进一步加强和改进大学生思想政治教育的意见》就曾提出"要

完善大学生思想政治工作队伍的管理机制"。实践也证明，长期的高工作投入和低工作回报极易使辅导员产生消极情绪，甚至出现职业倦怠，影响高校对大学生进行思想政治教育的整体效果。因此，高校辅导员队伍建设制度是否完善对高校辅导员队伍建设起着至关重要的作用。科学的高校辅导员队伍建设制度能够明确辅导员角色定位，激发辅导员的工作积极性，提高辅导员自身工作的满意度等；缺乏科学制度的高校辅导员队伍建设往往使高校辅导员队伍建设不能形成良性循环，出现发展断层和由人主观意志引导发展的现象，使高校辅导员队伍建设不能形成可持续发展的局面。

2. 高校辅导员队伍建设是否有合理的建设规划

高校辅导员队伍建设是一项系统工程，需要进行科学合理的规划。在高校机构组织中，高校辅导员队伍往往不被重视，在很大程度上跟辅导员队伍建设缺少规划有关，高校辅导员建设规划是立足辅导员职业角色、放眼未来发展方向的建设进程时间表，对高校辅导员工作的有效可持续开展具有举足轻重的影响。高校辅导员队伍建设规划不是纯粹的理论概念，合理的高校辅导员队伍建设规划必须根据高校自身的条件做出，并且有利于高校的健康发展。不从高校实际情况出发，盲目地照搬照抄狭隘经验范围内的建设规划、不仅不利于高校辅导员队伍建设的健康发展，而且严重影响高校其他部门开展工作，使高校的可持续发展难以实现。从高校实际情况出发进行高校辅导员队伍建设规划，就是要从高校辅导员人员引进数量、引进专业结构、年龄结构、学历层次等方面出发进行规划，就是从这几个方面未来发展趋势的科学预测出发进行规划，缺少这种维度的高校辅导员队伍建设规划就不能真正引领高校辅导员队伍建设潮流，推进高校辅导员队伍建设有条不紊地前进。

3. 高校辅导员队伍建设理念是否科学合理

高校辅导员队伍建设是有内在理念支撑的实践活动，是有经验可循的实践活动，科学发展观就是高校辅导员队伍建设的重要建设理念。高校辅导员队伍建设离开了科学合理建设理念的指导就无法健康开展，就不能在以往发展成绩的基础上结合实践需要取得长期发展，更不能积极有效地推进高校教育基本职能真正实现。科学合理的高校辅导员队伍建设理念是一个动态变化概念，它往往跟高校全局发展理念紧密相连。高校辅导员队伍建设的实践证明，科学合理的建设理念必须要符合高校教育的实际规模、教育对象的群体特征、教育手段方式的特殊要求，等等。换言之，科学合理的建设理念是从高校教育活动开展的实际环境引申出来的，但又不高于高校教育活动开展的经验实践层面，体现和反映高校教育活动开展的宏观背景，能够浓缩在制度制定、发展规划中来潜移默化地对高校辅导员队伍建设实践活动产生影响。

（三）高校辅导员队伍建设评价体系实施要点

高校辅导员队伍建设的实践昭示，高校辅导员队伍建设虽然具有内在的规律性和历史性，但真正能够把握这些特点并将高校辅导员队伍建设推向前进却并不是件容易的事情。

原因在于，高校辅导员队伍建设评价体系在高校辅导员队伍建设实践活动实施需要一定的条件，需要结合高校辅导员队伍建设全局有计划有步骤地进行，同时，高校辅导员队伍建设自身发展还带有一定的偶然性影响因素，因此，在实践中推行高校辅导员队伍建设评价体系要注意以下几个方面。

1. **评价体系实施要注意加强高校辅导员队伍建设方法的积累、总结和运用**

高校辅导员队伍建设的历史并不是很长，但针对高校辅导员队伍建设的理论研究却十分普遍，导致高校辅导员队伍建设实践很难结合高校自身特点做出正确合理的选择。这种状况也影响了高校辅导员队伍建设评价体系的实施，将高校辅导员队伍建设评价体系误认为仅仅适用于经验层面上。高校辅导员队伍建设的现实评价，不适用于指导高校辅导员队伍建设的未来发展。高校辅导员队伍建设已经形成了很多方法，这些方法都有一定的产生背景，都能或多或少地对经验层面的高校辅导员队伍建设活动产生一定的指导作用。很多学者就将社会学的理论和方法引入高校辅导员队伍建设的研究，将高校辅导员定义为角色概念，通过社会学上的角色理论来研究高校辅导员队伍建设中的具体问题，利用社会分工理论、结构功能主义理论研究高校辅导员队伍建设和高校辅导员队伍稳定性建设。高校辅导员队伍建设评价体系的实施离不开这些方法的积累，正是在这些方法积累和总结的基础上，高校辅导员队伍建设评价体系才得以形成，因此，高校辅导员队伍建设评价体系在实施中需要注意高校辅导员队伍建设实践活动中有无对这些方法的合理运用，因为这些方法从经验层面上体现着高校辅导员队伍建设评价体系的主要内容。

2. **评价体系实施要围绕高校辅导员队伍建设的时代主题、把握时代主题、反映时代主题**

高校辅导员队伍建设具有时代性特征，不同的历史时期高校辅导员队伍建设往往不同。高校辅导员队伍建设评价体系在实施中需要考虑高校辅导员队伍建设的时代性特征，结合具体的时代特征对高校辅导员队伍建设做出科学合理评价，引导高校辅导员队伍建设沿着时代主题健康发展。黑格尔说："凡是存在的都是合理的，凡是合理的都是存在的。"高校辅导员队伍建设状况在现实层面上似乎都有一定的时代背景作为解释的合理理由。在新的历史时期，在社会转型背景下，高校辅导员队伍建设评价体系的实施需要注意时代主题的变化。21世纪信息技术给高校教育带来的挑战是巨大的，网络环境下的高校辅导员队伍建设将是高校辅导员队伍建设评价体系关注的重要方面；"90后"大学生主体将给高校辅导员队伍建设带来巨大挑战，也对高校辅导员队伍建设评价体系提出了新要求。因此，在实施高校辅导员队伍建设评价体系过程中需要考虑时代主题凸现出来的新问题，需要灵活地结合时代主题将高校辅导员队伍建设评价体系运用于高校辅导员队伍建设实施中，使高校辅导员队伍建设同时代共呼吸、与时代同进步。

3. **评价体系实施要注意高校教育理念、教育规模、教育技能的发展变化**

高校辅导员队伍建设从本质上讲是围绕着教育活动需要展开的，高校辅导员队伍建评价体系的实施离不开高校辅导员队伍建设这一规定性，离开高校教育活动谈高校辅导员队伍建设就是空想之事，根据教育活动开展的各个方面考察高校辅导员队伍建设水平是高校辅导员队伍建设评价体系的内在要求。高校辅导员队伍建设评价体系在实施中需要充分考虑高校自身的教育理念、教育规模和教育技能，这些方面的变化和发展都对高校辅导员队伍建设具有重要的影响作用。教育理念的凝练是辅导员发展的灵魂，教育技能的提高是辅导员发展的途径，教育规模的变化是辅导员工作的挑战，确保高校教育职能的真正实现是高校辅导员队伍建设的最终目标，在高校辅导员队伍建设评价体系实施中需要适时对高校辅导员队伍建设实现这一目标情况做出考评，这将有助于高校辅导员队伍建设的可持续发展，实现高校辅导员角色的真正内涵。高校辅导员队伍建设评价体系服务于高校辅导员队伍建设实践，随着高校辅导员队伍建设实践的发展，高校辅导员队伍建设评价体系也将迎来新的挑战，从现有的高校辅导员队伍建设评价体系的主要内容出发，结合实施过程中的要点，不断丰富高校辅导员队伍建设评价体系的具体内容是高校辅导员建设实践的客观需要，对加强和提升高校辅导员队伍建设具有十分重要的意义。

二、高校辅导员队伍建设绩效考核

现代社会竞争已从传统的物质资源、货币资本竞争转向以人为载体的知识资本的竞争。如何开发好与管理好辅导员资源是影响高校人才培养和学校发展的重大问题。面对错综复杂的辅导员队伍建设的诸多难题，我们怎样才能做到将复杂问题简单化，进而达到分清主次、重点控制之目的呢？

（一）辅导员队伍建设存在的问题

我们有必要而且应当理清辅导员队伍建设问题的轻重缓急，抓住重要问题、解决关键难题，才能把有限的教育资源整合到教学与学生管理的工作中，进而提高学校整体教育质量。综合而言，我们可以将目前的辅导员队伍建设存在的问题归纳为三大类：

1. 根本性问题—辅导员岗位性质不清、作用不明

辅导员工作得力与否源自于辅导员对岗位的热爱和管理者对角色作用的认同。从大政方针来看，党和国家高度重视，早就把辅导员队伍建设作为高等教育发展的关键因素，视辅导员为教师整体的重要组成，是学校改革人才培养模式、提高人才培养质量的中坚。而事实上却有不少高校因种种条件制约，很难将教育部有关解决高校辅导员待遇、归属及作用的政策落到实处，辅导员队伍数量短缺、质量更难保障的现象依然严重。近年来，辅导员数量短缺现象随着高校的整体发展有所缓解，然而依然远离教育部关于1:200的师生比例要求。尤其是二本及各地方高校的差距更为严重，辅导员的数量与质量均得不到保障，部分学校采用拼凑办法来勉强满足，辅导员队伍的供给要么是刚刚新分来的试用教师，要么就是待岗员工。"辅导员"可以信手拈来且能快速替补上岗，甚至于短期顶岗的成为辅

导员队伍的"常规军"。新辅导员虽然思想活跃贴近学生，但缺乏工作经验，其个人综合素质也未必高出学生。"老"辅导员则思想懈怠，个别的存在不求上进的心理，其理论水平与业务水平止步不前。年轻教师都视辅导员岗位为不可多得的考研或转岗的"中转站"。一些不良现象根源于对辅导员职业定位不明而导致队伍的思想不稳。不难看出，辅导员很难潜下心来做学生的思想政治工作。若非明确其辅导员的岗位性质，否则很难维系现状，更难指望他们能在工作中开拓创新了。

2. 常规性制度问题—辅导员制度不完善、机制不灵活

随着高校的发展壮大，辅导员队伍建设与管理改革也在逐步升温，然而制度建设与组织保证不能完全跟进。据调查研究，有的地方高校在培养什么人、怎样培养人的问题上还不尽清晰。不少高校沿袭着传统的人才培养模式，仍然倚重于专业教师的理论知识传授。从辅导员队伍建设的人才配备和储备上看，教学人员与辅导员安排也不能协调科学分配。学校对辅导员的管理要求没有标准化。辅导员的绩效考核及管理制度也没有依据辅导员工作本身性质执行。面对日益激烈的就业压力，为切实贯彻执行好教育部16号文件精神，全面提升教学教育质量，高校需要重视辅导员队伍建设，完善辅导员管理和考核制度，促进辅导员队伍建设的常规化、制度化。

3. 基础性管理问题—辅导员绩效考核导向不明、效果不显

在国际化发展的压力下，自本科教学工作水平评估以来，高校尤其是政府扶持的地方高校都把师资队伍建设和科研水平提升放在了前所未有的高度。高校正致力于先进管理手段的推广应用，其组织运行规则和规章制度都发生着明显的改变。绩效管理也开始作用于教师的业绩考核，辅导员绩效考核也顺势而发。但是，由于环境及资源条件的限制，各学校都有许多积蓄已久而又困难重重的改革难题，辅导员的绩效考核更是错综复杂。现有的考核目标不明确、考核的效果不明显是亟待解决的首要问题。但是，绩效考核的目的只是作为奖惩的依据，仅仅作为是否扣减绩效工资的参考，根本谈不上"管理工作"的改进。更有甚者是为了考核而考核。

（二）辅导员绩效考核应当发挥的功能

高校实施辅导员绩效管理与考核的方向是明确的，但需要我们不断地挖掘绩效考核的功能。辅导员的绩效管理与考核的改革既不必太快、也不可太缓。既要依据学校的长远发展规划，进行较为充分地深化改革准备，又要解决好年度考核与中长期绩效管理的矛盾。一方面能使绩效考核与年度薪酬奖励相结合，另一方面又要落实辅导员的"教师加管理者"的双重身份考核，将辅导员的职业定向、职务晋升、福利待遇与学校发展相结合，才能从战略高度确保队伍建设质量。故此，辅导员绩效考核应当激发以下三大类功能：

1. 激发具有战略目标的方向性指导功能

辅导员的绩效管理要服从于学校的战略管理大局，并遵循于学生工作的发展规律。同

高校教师绩效管理目的一样，辅导员的绩效管理也是在持续提升辅导员思想政治教育与管理能力的基础上，能使高校的学生管理工作得以持续地改善，进而从整体上提升高校的管理绩效。所以，既要站在办什么大学、育什么人的高度构筑高校辅导员绩效考核体系，又要将辅导员的发展定向及职业定位的绩效考核与学校的定位与人才培养计划相结合，建立起与之相应的高校辅导员绩效管理与考核的体系。辅导员绩效考核要能体现学校的文化取向，考核的功能在于促进学校学生工作改善和辅导员事业发展的双向互动，其考核的结果能带给辅导员一个发展空间，能对以后的人事决策（如职称、晋级及福利待遇等）产生影响。以此来决定录用什么样素质的人才，辅导员应承担什么职责，对学生施以怎样的目标激励，如何以绩效考核结果来整合学校的绩效改善与管理创新等。

2. 激发具有团队协作的三方主体功能

辅导员的绩效管理要服务于学校的主体对象。目前由学校人事部或加上学生管理等上级行政部门来实施的一般绩效考核方法依然盛行。此法虽然易于操作，但是却回避不了传统的行政管理弊端，流于形式、效果较差。究竟是应该由所在学生的学院来主管考核，还是由学校的人事部来统一考核？是由被领导的学生工作部门来打分，还是由所服务的学生对象来打分？这就要回归于学校管理方法的系统性要求和学生管理工作的多方面因素来决定辅导员业绩的多维度。不同利益的主体对同一对象的同一工作得出的评价肯定是不同的。从趋势上看，辅导员的教师加管理者的双重身份是不容置疑的，其工作内容也是多方面，故而其工作的相关主体至少应当包括学校（院）主管部门、所带学生及家长、辅导员自身及同行三方面。故此，考核主体的多样性是必需的，这就需要从学校的发展战略出发，依据社会需求及学生成才愿望，把学校的育才任务与辅导员的个人发展结合起来，形成和谐的三方评价主体，以此达到自上而下的全面沟通、学生及家长的满意、同行及自我的认可。

3. 激发可操作执行的有效考核指标体系功能

绩效考核目前已被普遍作为一个提供管理决策的信息系统。但是，怎样才能提供一种更简洁合理、操作性强的考核模式？如何才能更全面、准确地披露以辅导员为主导的学生管理信息系统，以满足教书育人、管理育人和服务育人的相关性需求？

目前辅导员绩效考核的功能单一，主要着力于对辅导员工作的日常监督，并视为辅导员履行岗位职责的唯一考核标准。这就需要从实际出发，从不同角度考虑指标设计的可执行性。首先，辅导员绩效考核指标体系的完善既要强化高校思想政治教育工作的特殊规律性，也要遵循现代高等教育发展的一般倾向性。其次，与同校教师和行政人员的绩效考核相比，辅导员的工作付出与工作业绩数据更难计量测算。故此，考核需要做定性化与定量化的双向处理。再次，来自辅导员工作对象的特殊性，辅导员的工作表现与育人业绩在短期内的关联度表现不明显。高校辅导员的工作对象是比他们更为年轻的大学生。大学生的综合素质及行为表现，不仅与辅导员的政治素质、工作投入程度及业务能力有关，在很大程度上，还受着诸如家庭、社会、成长环境等众多因素的影响。所以，很难将学生在某段时间上的表现直接与辅导员的工作成果挂钩。辅导员业绩测评方法的科学性和合理性上，也存在着讨论和商榷的空间。辅导员工作固然是学校教育方针最为直接的体现，但其绩效不能急功近利地一味追求眼前对学生工作成果的激励。考虑到学生成才成效的滞后性和学生毕业后的工作环境影响，辅导员的绩效考核不可太专注于短期的显性成果，还应该挖掘实际工作中初露端倪的潜在绩效。因此，在对辅导员绩效考核指标体系设计时，需要进一步研究指标的切入角度以及业绩量化考核的目标与程序问题。

（三）辅导员绩效考核指标体系的目标

ABC理念怎样改进辅导员队伍管理模式与激励机制，把有限的教育资源有效地配置到提高教育与管理质量上来，是开展辅导员制度创新与完善绩效考评指标体系的终极目标。教育部在《关于加强高等学校辅导员、班主任队伍建设的意见》中把帮助学生解决家庭经济困难、学业与就业压力、恋爱与心理困惑、生涯规划与人际关系等实际问题写进了文件，辅导员的角色已从当年的单纯思想政治辅导，逐渐演化出今天的思想政治教育、帮困解压、心理咨询、职业辅导等角色。所以要建立科学合理的绩效指标体系，所涉及的参考因素相当复杂，需要梳理不同问题的影响度。ABC分析就是值得参考的重要辅助工具。ABC法是按照巴雷托曲线的主次关系而展开的分类管理方法，被广泛应用于物资管理、价值分析、资金管理等诸多方面。其特点是：既能集中精力抓住主要问题、实施重点管理，又能兼顾一般问题而进行常规管理。从整体上能做到用最少的资源实现最佳的经济效益。依此类推，辅导员绩效考核要从目标管理上理清ABC顺序，A类作为特色指标，重点扶持，与学校的发展战略相统一；B类为基本指标，实施目标责任制管理，与年度考核保持一致；C类为保底指标，是安全底线，作为常规检查对象。A类特色目标指标。这是通过全力拼搏方能达到的有全局创新性的杰出工作。此类指标涉及学校愿景。从高校管理者角度出发，紧紧围绕打造高校团队文化，创建百年名校基业，有利于促进学校战略规划实现的教育理论与实践创新的教学、科研及管理观念、成果，能够通过辅导员的高尚人格和风范魅力去影响、激发学生成长成才。要与职务、职称及其他各类绩效激励挂钩。B类基本目标指标。这是通过一般性努力就能实现的有局部影响的突出工作。此类指标涉及学校工作的良性循环开展。从学生人才教育与管理的方方面面出发，围绕院校中长期发展规划，凡是符合学校发展规划的教学与管理成果，能体现辅导员敬业态度和组织管理能力，通过辅导员的执行能力去主导、推动学生自我管理自我成长，通过对比院校年度的目标责任分解，在年度考核中评比出中等业绩成果，占年度考核的总成果的60%～90%，综合比较下评出突出业绩人物，与职称、年终奖及其他绩效奖励挂钩。C类保底目标指标。这是通过谨慎努力必须完成的有生存危机的底线工作。此类指标涉及院校的近期安全。从多数人的共同利益出发，处处小心防范。凡是影响学校集体及师生个人利益的基础工作，在岗位基本职责范围内，通过辅导员的辛勤工作去维护、督促学生顺利完成学业，通过统计分析常年常规工作的完成进度，在日常考勤及期末总结交流评议，不超过年度总成就的10%，得出合格与否的工作考核，直接与工资、奖金及其他物质利益挂钩。此外，辅导员的工作业绩也不能仅仅由管理者单独来考核决定，而应该在连续三（五）年的考核基础上，通过多向主体（同行、学生、家长、用人单位及其他关联方等）的测试来修正。既要维护考核方的组织发展愿景，又兼顾被考核方辅导员自身的职业发展利益，使辅导员与学生、学校的三方利益皆能得以有效保障，成就团队的共同愿景。在实施过程中，将三年一聘的定员定岗、绩效考核制度与年度工作考核结合起来。首先，进行常规工作的合格性检查；其次，进行年度绩效管理、评比优秀；最后，综合三（五）年的创新性价值贡献测评。这就是以辅导员累积的量化积分为依据，参照其他定性考核，得出较为科学的高校辅导员的立体资源管理信息，以此作为岗位竞聘、职务晋升、福利待遇、人才工程奖等的依据，并对不合格者进行警示和绩效处罚。

参考文献

[1] 白永生，张雷，张瑞等．新时期高校辅导员队伍建设的研究与思考 [M]．北京：光明日报出版社，2016．

[2] 柏杨．改革开放以来高校辅导员队伍建设研究 [M]．成都：西南交通大学出版社，2018．

[3] 黄洁；教育部思想政治工作司组编．新时代高校学习型辅导员队伍建设研究 [M]．北京：人民出版社，2019．

[4] 黄林芳．高校辅导员队伍建设机制论 [M]．上海：上海财经大学出版社，2009．

[5] 罗勇等．"三化"高校辅导员队伍建设研究与实践 [M]．成都：西南财经大学出版社，2017．

[6] 毛建平．"互联网+"时代高校辅导员队伍建设研究 [M]．天津市：天津科学技术出版社，2017．

[7] 丘进，卢黎歌．机制·创新·长效 高校辅导员队伍建设研究 [M]．西安：西安交通大学出版社，2012．

[8] 曲建武，姜德学，张伯威．高校辅导员队伍建设的理论与实践 [M]．大连：大连理工大学出版社，2008．

[9] 唐家良．高校辅导员队伍专业化建设与成长 [M]．北京：现代教育出版社，2008．

[10] 文丰安．高校辅导员队伍建设系统工程研究 [M]．武汉：武汉大学出版社，2014．

[11] 翁铁慧．高校辅导员队伍建设论纲 [M]．北京：人民出版社，2014．

[12] 易真龙，杨康，周文清，等．高校辅导员队伍职业化建设理论与实务 [M]．徐州：中国矿业大学出版社，2012．

[13] 张书明．高校辅导员队伍建设 [M]．济南：泰山出版社，2008．

[14] 张再兴等．高校辅导员队伍建设理论与实践 [M]．北京：人民出版社，2010．

[15] 朱正昌．高校辅导员队伍建设研究 [M]．北京：人民出版社，2010．